부모가 되어 자녀로 살다

부모가 되어 자녀로 살다

1쇄 발행 2022년 3월 28일
2쇄 발행 2022년 5월 10일

지은이 위성도
펴낸이 이용훈

펴낸곳 북스원
등록 제2015-000033호
주소 서울시 송파구 오금로44나길 5, 401호
전화 010-3244-4066
이메일 wisebook@naver.com
공급처 (주)비전북 031-907-3927
ISBN 979-11-973275-5-1 03230

부모가 되어
자녀로 살다

위성도 지음

육 아 는 내 가 생 각 하 던 하 나 님 의
표 정 을   바 꾸 어   주 었 습 니 다

북스원
BOOKSONE

책을 처음 접하고 목차만 읽었는데도 가슴이 아려온다. 부모와 자녀, 가정이라는 울타리는 눈물이 아니면 설명될 수 없는 무언가가 있다. 가정은 따뜻함과 사랑의 상징이지만 현실은 광야 같고 간조한 땅이기 때문이다. 신자는 서로의 밑바닥을 눈물로 추스를 때, 비로소 하나님을 본다. 그리고 자녀에게 이런 고백을 토해내게 만드신다. "미안하다. 너 키울 때 나도 어떻게 사랑하는지, 어떻게 살아야 하는지 몰랐다." 그래 맞다. 저자의 말처럼 정말 부모가 되어야 자녀로 사는 법을 배운다. 저자는 이 인생의 신비를 담담한 목소리로 전한다. 가족이 함께 읽기를 추천한다.

김관성 _ 행신교회 담임목사

저자와 나는 많은 공통점을 가지고 있는 친구다. 하지만 내가 절대 따라갈 수 없는 삶의 영성을 가진 목사다운 목사, 존경스러운 사람이다. 예컨대, 내가 산꼭대기에서 천둥과 번개 가운데 빛과 안개로 임하시는 하나님을 찾아 헤매는 동안, 그는 삶의 모든 순간에 성령님과 대화하고 누리며 살고 있다. 그가 말할 때면 나는 귀를 기울인다.

송준기 _ Way Church 담임목사,《끝까지 가라》,《지키는 기도》저자

하나님 안에 버려진 사건은 없다. 저자는 남자로 사는 법을 멈추고 아빠로 살아야 하는 시간을 보냈다. 그는 인간이 줄 수 있는 가장 지고한 부모의 사랑 스토르게(Storge)를 통해 인간이 받을 수 있는 가장 위대한 하나님의 사랑 아가페(Agape)를 배워간다. 이 책은 부모가 아이들을 향한 사랑에서 독생자를 보내신 그분의 사랑을 체험해 가는 사랑의 서사시다.

빙판에 미끄러지듯 눈으로 읽어 내려가는 글이 아니라 굽이굽이 올라가는 고갯길처럼 가끔 멈춰 서서 찐한 가슴으로 읽는 솔향기 같은 에덴의 이야기다. 그래서 시간마다 걸음마다 들려오는 주님의 음성은 우리 모두의 이야기로 일체가 된다.

이들은 책을 쓰기 위해 산 삶이 아니다. 아프지만 불행하지 않은, 작은 천국을 만들어 낸 장터국수 같은 행복한 이야기다. 여기, 아이와 부모의 예쁘고 선명한 영혼의 나이테가 그려져 있다. 이 책을 펴면 절로 눈물이 난다. 이 책을 덮으면 절로 기도가 나온다.

신용백 _ 시냇가푸른나무교회 담임목사

부모가 되어 아이를 키우고 삶의 곳곳에서 하나님의 임재를 경험하며 그분을 알아가는 것만큼 큰 축복이 있을까 싶습니다. 이 책을 읽으며 위성도 목사님이 만난 하나님을 저도 함께 만나곤 했습니다. 그리고 아이들의 아빠로, 또한 하나님의 자녀로 살아가는 지혜를 배웠습니다. 부모로 살아가며 동시에 하나님의 자녀로 자라길 원하시는 모든 분들께 이 책을 추천합니다.

염평안 _ '요게벳의 노래', '교회' 작곡가

이 책은 훌륭한 육아 이야기도 아니고 저자 역시 훌륭한 아빠도 아니다. 아이와 아내도 인정한 썩 괜찮은 설교자이지만, 이 책은 그가 얼마나 어처구니없는 목사, 실수투성이 아빠인지 보여 준다. 그래서 이 책은 훌륭한 육아 이야기다. 하나님이 저자의 삶에 쓰신, 그래서 그의 감정, 기도, 육아, 설교를 바꾸어 버린. 초보 부모와 올챙이 적 생각 못하는 부모 모두에게 필요한 책이다.

오현철 _ 성결대학교 교수/전 한국복음주의실천신학회 회장

《부모가 되어 자녀로 살다》라는 제목에서 순간 엄마의 마음을 놓치고 살아가는 아빠로서의 삶의 찰나가 느껴졌습니다. 많지 않은 나이임에도 하나님께서 주시는 삶의 역경과 고난들을 원론적인 체험과 감흥으로 승화해 내는 위성도 목사님의 삶이 잘 녹아 있는 책입니다. 쉬운 언어로 풀어낸 삶의 단상들, 특별히 자녀를 보면서 하나님 아버지의 마음을 읽어나가는 눈물 어린 감동 스토리들을 가슴으로 안아볼 수 있는 책이라고 생각하여, 진심의 추천의 말을 감히 몇 자 적습니다.

정성원 _ '일천번제' 작곡가

이 책은 흡사 '반성문'과 같다. 한 남자가 아이를 키우면서 경험한 에피소드에서 몰랐던 하나님의 마음을 엿보게 된다. 매일

이 전쟁 같은 삶이지만 어느 누구도 죽지 않는다. 아빠와 아이의 전투가 많을수록 아이는 성장하고, 아빠도 성숙해진다. 이 책은 어떤 성인 아이의 신앙 성장 스토리다.

정현민 _ 복음안에새교회 담임목사

차례

CHAPTER 2. 부모가 되어 자녀로 사는 법을 배우다

육아를 통해
하나님 사랑을 깨닫다

　이 책은 훌륭한 육아 이야기가 아니다. 그래서 아이의 연령별 발달과정이나 특징에 대한 해설이 없다. 나는 자녀를 훌륭하게 키우는 비법을 제시할 만큼 훌륭한 아빠도 아니고, 전문가도 아니다. 어린이집에 등원한 아이들이 적응하기 힘들어할 때마다 어쩔 줄 몰라 밤마다 근심하는 미숙하고 상처 많은 아빠다.

　이 책은 자녀를 통해 하나님 아버지를 만나는 상처 많은 아빠 그리고 눈물 많은 엄마에 대한 기록이다. 성공적인 육아 경험담이 아닌 내 밑바닥이 기록되어 있으며, 아빠가 되어서야 비로소 하나님을 만난 목사의 이야기다.

첫째가 태어나던 때부터 연년생인 둘째가 태어나 오늘에 이르기까지 나와 아내는 하루 종일 자녀들과 집에 있었다. 4년 남짓의 시간 동안 우리는 한시도 떨어지지 않고 함께했다.

'사직서, 첫째 탄생, 유학, 연년생인 둘째 출산, 팬데믹, 셧다운, 졸업, 귀국, 6개월 동안 집이 없음'으로 우리의 4년을 정의할 수 있을까?

가정은 우리의 인격이 여실히 드러나는 광야였으며, 자녀들은 우리의 밑바닥을 보여 주는 통로였다. 그럼에도 우리가 서로 사랑할 수 있었던 이유는 광야에 길을 내시는 하나님, 내 마음 밑바닥까지 찾아오셔서 내 상함을 품어 주신 아버지를 만났기 때문이다. 나는 육아를 통해 하나님에 대한 오해를 풀었다. 자녀들을 양육하며 하나님이 내 생각보다 나를 더 깊이 사랑하셨음을 알게 되었다. 아이와 함께 살아내는 처참한 하루가 쌓여 향기로운 메시지가 되었고, 신학교에서 배웠던 딱딱한 교리들은 아이들을 통해 박진감 넘치는 실제가 되어 나를 관통했다.

미국에서 살 때 아이가 식당에 장식된 물건을 망가뜨린 적이 있었다. 물건의 일부분이었다. 나는 주인에게 가서 사실을 고하고 사과했다. 그리고 물건 값을 변상하겠다고 말했다. 주인은 자신이 오래전 물건을 구매했던 가격의 100%를 내게 요구했다.

'접착제만 붙여도 괜찮을 것 같은데… 물건 값의 일부만 받는 게 상식인데' 생각했다.

아무리 봐도 그만한 가치가 없는 물건이었다. 그러나 나는 주인이 물건을 구매할 때 지불한 금액으로 제시한 50달러를 그 자리에서 변상했다. 속이 쓰렸다. 식당을 나선 나는 아이를 붙잡고 이야기했다.

"다친 덴 없어? 다음부턴 조심해. 알았지? 아빠가 다 갚았어."

내가 아이에게 베풀었던 사랑은 이미 오래전에 아버지께서 십자가에서 내게 행하신 대속의 사랑이었다. 주님은 파괴된 나를 온전한 하나님의 형상으로 회복시켜 주셨으며, 더 나아가 내가 파괴한 모든 것에 대한 대가를 지불해 주셨다. 지난날의 허물이 나를 주장하지 못하도록 모든 것을 완벽하게 변상하셨다.

사고를 친 아이들은 카시트에 앉아 곤히 잠들었다. 고요한 차 안, 하늘로부터 흘러나오는 아버지의 사랑은 자녀인 나를 통해 아이들에게 흘러가고 있었다.

오늘도 나는 아빠가 되어 자녀로 사는 법을 배우고 있다.

이 책이 내가 사랑하는 사람들의 삶에 온기를 더하길 바란다. 상처 많은 목사인 나는 아빠가 되어서야 인격적인 하나님을 만났다. 육아를 통해 하나님의 말씀이 입체적으로 내 삶에 펼쳐졌고, 다음 세대를 향한 꿈을 꾸게 되었다.

사랑하고 존경하는 이 시대의 엄마, 아빠들이 이 책을 통해 위로받고, 일어서며, 다음 세대 양육을 넘어 살아 계신 하나님을 만나기를 기도한다. 끝으로, 나의 교회, 나의 아내 은희와 우리의 상급인 예도와 로엘이에게 감사와 사랑을 전하고 싶다.

2022년 3월

위성도

CHAPTER 1

부모가 자식에게 해줄 것은
기다림밖에 없다

하나님은 내게 다가오시기 위해 극복할 수 없는 거리를 초월하셨다.
죄를 건너고 사망을 넘으셨다. 주님은 이미 내 곁에 계신다.
나는 단 한순간도 버림받지 않았다.

나는 단 한순간도
버림받지 않았다

"정상입니다."

수화기 너머로 들려온 건조한 목소리에 나는 안심했다.

결혼과 동시에 자녀를 갖기 위해 노력했지만, 하나님은 우리가 원하는 때에 아이를 주시지 않았다. 시간이 흐를수록 마음에 실망감이 스며들기 시작했다. 아내가 나이를 먹어갈수록 걱정스러운 목소리가 주변에서 조금씩 들려오기 시작했다. 나는 아내를 위로했지만, 아내는 시간이 흐를수록 복잡한 마음에 초조함을 느끼는 듯했다. 교회를 갈 때마다 듣는 위로와 권면들도 더는 웃으며 듣기 버거워했다. 우리는 다

투는 날이 많아졌다. 다들 모른 척 해주길 바랐다. 사람들은 우릴 만날 때마다 임신하게 하는 특별한 비법들을 알려 주었다. 이러다간 절벽 한가운데 핀 꽃을 따다가 달여 먹어야 할 판이었다. 욥의 마음이 이해됐다. 때로는 침묵이 깊은 위로가 될 수 있음을 그때 배웠다.

수요 예배를 마치고 본당을 정리하는데 누군가 기도하고 있는 아내를 붙잡고 말하는 것을 보았다. 아내는 웃으며 듣고 있었다. 차량 운행을 마치고 집에 돌아가는 길에 무슨 이야기를 나누었는지 아내에게 물었다. 아내는 대답대신 눈물을 흘렸다. 또 임신에 대한 조언이었다. 처음 보는 눈물이었다. 잘 견디던 아내는 끝내 무너졌다.

며칠 뒤 나는 퇴근길에 혼자서 산부인과를 찾아가 검사를 받았다. 전화기 너머로 통지 받은 검사 결과는 정상이었다. 그날부터 주변에서 임신에 대해서 물어볼 때 나는 대답했다.

"제가 병원에 가서 검사를 받아봤는데 저 때문에 임신이 안되는 거라네요."

가족에게도 그렇게 말했다. 내 탓으로 돌리고 아내를 보호해 주고 싶었다. 부족한 내가 아내에게 해줄 수 있는 최선이었다. 주변 사람들과의 불편함은 그렇게 정리가 되었지만, 내 안에서 꼬여 버린 하나님과의 관계는 쉽게 풀리지 않았다.

처음엔 내가 죄를 많이 지어서 자녀를 주시지 않는다고 생각했다. 문제 앞에 내 고질적인 연약함이 드러났다. 하나님이 내 뜻을 꺾으실 때면 내가 죄가 많고, 하나님이 그런 나를 싫어하시기 때문에 기도에 응답하시지 않는다고 생각했다. 나는 몇 달 동안 회개 기도만 했다. 초등학교 시절까지 거슬러 올라가 기억이 남아있는 모든 죄를 찾아내어 회개했다. 기억하지 못하는 죄도 용서해 달라며 자녀를 달라고 구했다. 눈물이 나지 않으면 억지로 눈물을 쥐어짰다. 석고대죄하는 마음으로 무릎을 꿇었다. 하지만 하나님은 여전히 침묵하셨다.

그 다음엔 하나님께 백지수표를 날리기 시작했다.

"하나님께서 자녀를 주신다면 이렇게 살겠습니다. 저렇게 살겠습니다."

나는 지키지도 못할 약속들을 남발했다. 필요 이상의 헌

신으로 하나님의 마음에 들고자 나를 괴롭혔다. 그렇게 해서라도 하나님의 마음에 감동을 주어 내가 원하는 바를 이루고 싶었다.

일 년 가까이 같은 기도를 반복하고 있을 즈음, 어머니가 다쳐서 입원을 하셨다. 아내와 급히 지방으로 내려가 어머니를 찾아뵙고 기도해 드렸다. 그러나 어머니의 표정엔 불만이 가득했다. 나는 물었다.

"어머니, 불편한 게 있으세요?"

어머니는 대답했다.

"무서워서 그렇다. 그동안 내가 지은 죄가 얼마나 많으냐? 죄 때문에 다친 것 아니겠냐? 앞으로 얼마나 벌을 받아야 될까 무서워서 마음이 불편해. 이제야 하나님을 믿기 시작했는데, 예수님 믿고 잘 살아보려고 애쓰는데 서운하다."

어머니의 마음이 이해되었다. 어머니는 풍파가 많은 인생을 살아왔다. 오십이 넘어 예수님을 영접하시고 새 삶을 살기 위해 무던히 노력하고 계셨다. 예수님을 따르기 위해 어머니가 감내한 희생을 나는 알고 있었다. 그런 어머니가 새 삶을 시작하는 일터에서 크게 다쳐서 수술 여부를 따지고 있었다. 나는 막막했다. 딱히 위로할 말도 떠오르질 않았다. 가장 어려운 심방이었다.

나는 힘겹게 입을 열었다.

"하나님은 어머니가 이전에 지은 죄 때문에 벌을 주고, 어머니가 지금부터 잘하면 상을 주는 분은 아닌 것 같아요."

일 년이 넘도록 하나님 앞에 엎드려 기도하며 내가 얻은 답이었다. 나는 어머니의 손을 잡고 하려던 말을 이어갔다.

"지구의 중력이 어머니를 끌어당기기 때문에 당연히 넘어질 수 있어요. 주방 바닥이 물에 젖어 미끄러우니까 마찰력이 감소해서 미끄러질 수 있어요."

어머니는 '피식' 웃으셨다.

"만약 지난날의 죄 때문에 하나님이 어머니에게 벌을 주신다면, 어머니는 지금쯤 가루가 되어있을 걸요? 내가 기억하는 어머니의 죄만 해도 얼마나 많은데요. 그 왜 있잖아요. 엄마 나 군대에 있을 때 내 적금…"

"에끼 이놈!"

어머니는 며느리 앞이라고 부끄러우셨는지 내 말을 막으셨다. 하지만 표정을 보니 마음이 조금씩 풀리는 것 같았다. 나는 계속 말을 이어갔다.

"어머니가 하나님의 눈높이에 맞을 만큼 무언가를 잘해서 복을 받을 수 있다면, 어머니는 지금까지 아무것도 받지 못했을 거예요. 어머니가 가지고 계신 모든 것은 하나님께서 어머니를 사랑하셔서 주신 거예요. 하나님의 기준은 굉장히 높아요. 하나님은 높은 기준을 가지고 계시지만, 그럼에도 불구하고 어머니를 보며 만족하고 기뻐하세요. 하나님 아버지가 어머니를 극진히 사랑하시기 때문이죠."

어머니는 "아멘" 하셨다. 가족에게 아멘 소리를 듣기가 정말 쉽지 않다. 어머니의 표정이 풀리셨다. 함께 식사하고 산책한 뒤 서울로 올라가는 버스에 몸을 실었다. 집에 가는 길에 하나님은 내게 말씀하셨다.

"성도야, 네가 어머니에게 해준 말이 내가 네가 전하고 싶은 마음이란다."

응답 받지 못해 곪아 있는 내 상처에 아버지의 마음이 닿았다.

내 맘을 어루만지는 아버지의 음성에 나는 "아멘"으로 화답했다. 그날 이후 문제를 마주하는 감정이 바뀌었다. 기도의 내용이 바뀌었다. 삶을 해석하는 관점에 변화가 찾아왔다.

그때부터 하나님이 우리에게 주신 시간을 기쁨으로 누렸다. 아이를 향한 갈망을 잠시 내려놓고 우린 서로를 바라보았다. 끊임없이 대화하고, 책을 읽고, 휴일엔 함께 여행하며 둘만의 시간을 보냈다. 여전히 응답 받지 못한 기도에 대한 근심이 마음 한구석에 자리하고 있었지만 개의치 않았다. 하루가 시처럼 흘러갔다. 돌아보면 그때 서로 많은 대화를 나누고, 이해하고 신뢰하며 후회없이 추억을 쌓았기에 의지할 사람이 없었던 타국에서 서로를 탓하지 않고, 오해하지 않고, 책임을 미루지 않고 등을 맞대며 사랑으로 살아낼 수 있었던 것 같다.

얼마 후 하나님은 내게 공부를 하라는 마음을 주셨다. 청년 시절, 대학원 졸업만 시켜 주신다면 공부를 계속하겠다고 서원 기도를 드린 적이 있다. 졸업이 위태로울 만큼 나는 공부에 뜻이 없었다. 하나님은 '너의 서원을 지키라'는 마음을 주셨다. 집착하던 문제에서 자유롭게 되자 하나님의 마음에 귀를 기울일 수 있었다. 7월 말 즈음 담임 목사님을 찾아가 연말에 사임하고 유학을 준비하겠다고 말씀드렸다. '어차피 아이도 없는데 가서 공부나 실컷 하자'는 마음도 있었다.

사임하겠다고 말씀드린 다음 주에 하나님은 우리에게 첫째를 주셨다. 8월 초 이른 아침, 잠에 취한 나를 아내가 흔들어 깨웠다.

"여보, 잠깐만 일어나 보세요."

아내는 임신 테스트기를 조용히 내 앞에 내밀었다.

"두 줄이에요."

진한 줄 하나와 지나치게 희미한 줄 하나가 있었다. 희미한 희망은 고문이었다. 남편으로서 아내를 보호하고 싶었다. 아내에게 말했다.

"여보, 줄이 너무 희미하잖아요. 아닌 거 같아요."

아내는 대답했다.

"아니요. 이제까지는 희미한 줄조차 없었어요. 하나님이 아이를 주셨어요. 느껴져요."

아내의 눈빛에는 흔들림이 없었다. 나는 곧바로 아내를 껴안고 축복했다. 몇 주 뒤에 병원에 갔다. 그토록 바라던 임신이었다.

때론 하나님은 죄 때문에 기도를 외면하거나 징계하실 때가 있다. 이와 반대로 순종하고 잘하면 상을 주실 때도 있다. 하지만 나를 향한 하나님의 목적은 상과 벌에 있지 않다. 하늘 아버지는 내가 겪고 있는 모든 상황을 통해 그분의 넘치는 사랑을 내게 나타내신다.

자녀는 부모의 호의로 똘똘 뭉친 존재다. 내 아이들은 잘해도 상을 받고 못해도 상을 받는다. 들어가도 복을 받고 나가도 복을 받는다. 우리의 부족함에도 주님은 우리를 만족해하신다.

나는 상상한다. 하나님의 보좌 앞에서 천군 천사가 그분의 거룩하심을 노래하고 있다. 그들은 흔들리지 않는 굳건한 믿음을 담아 완벽하게 하나님을 찬양한다. 그 틈 사이로 흠

많고 볼품없는 나의 찬양이 들려온다. 믿음으로 드렸으나 속에는 여전히 원망과 근심이 섞여 있다. 흔들리는 삶으로 드린 찬양을 듣던 하나님은 보좌에서 일어나신다. 천사들을 뒤로하며 나의 목소리를 좇아 다가오신다. 그러곤 자세를 낮추고 나를 보신다. 더없이 행복한 표정으로 내 찬양을 흠향하신다. 불완전한 나를 하나님은 기뻐 받으신다. 나는 완전하신 하나님의 기준에 도달할 수 있는 유일한 존재다.

그분이 나를 사랑하시기 때문이다.

주님은 어떤 상황 속에서도 나를 사랑하시고, 용서하시며, 내 간구에 최선을 다해 응답하신다. 내가 당한 상황이 내가 믿는 하나님을 정의하도록 내버려 두지 마라. 말씀에 계시된 하나님의 사랑을 붙잡으라. 만약 내 잘못 때문에 응답이 미루어졌다면, "너는 기도 응답을 받을 자격이 없어. 나는 네게서 얼굴을 돌렸어!"라는 거절의 의미가 아니다. 하나님의 사랑은 그렇게 얄팍하지 않다. 하나님은 내가 잘하면 사랑해 주고 못하면 버리는 분이 아니시다. 고작 그 정도의 사랑으로 독생자를 십자가에 내어 주셨을까? 하나님은 우리가 아직 죄인 되었을 때부터 사랑하는 독생자를 내어주심으로 우리를 향한 사랑을 증명하셨다.

> "우리가 아직 죄인 되었을 때에 그리스도께서 우리를 위하여 죽으심으로 하나님께서 우리에 대한 자기의 사랑을 확증하셨느니라"(롬 5:8).

우리가 경건하고 온전할 때까지 기다리셨다가 자녀 삼으신 것이 아니다. 처참할 만큼 망가져 있고, 아무 가능성이 없을 때 그분은 우리를 꿈꾸셨다.

> "우리가 아직 연약할 때에 기약대로 그리스도께서 경건하지 않은 자를 위하여 죽으셨도다"(롬 5:6).

나는 연약하다. 나는 넘어질 수 있다. 하나님이 잠시 얼굴을 돌린 것 같아 보여도 그분은 영원한 자비로 나를 긍휼히 여기며 구원을 베푸신다. 그러한 분이 내가 만난 하나님이다.

"내가 잠시 너를 버렸으나 큰 긍휼로 너를 모을 것이요 내가 넘치는 진노로 내 얼굴을 네게서 잠시 가리웠으나 영원한 자비로 너를 긍휼히 여기리라 네 구속자 여호와께서 말씀하셨느니라"(사 54:7-8).

에스더서에는 구약에서 유일하게 하나님이 한 번도 등장하지 않는다. 흥미로운 점은 에스더(אסתר)의 이름을 동사로 풀이하면 "나는 숨을 것이다"(אסתר)가 된다는 것이다. 그녀의 이름처럼 하나님은 처음부터 끝까지 꼭꼭 숨어 계신다. 포로로 잡혀간 유대인은 그들의 죄 때문에 하나님께서 그들에게서 얼굴을 돌리시고 재앙을 보내 그들을 심판하신다고 믿었다. 그들은 하나님께 버림받았다고 생각했다. 그러나 에스더서 곳곳에서 하나님이 아니면 설명할 수 없는 구원의 은혜가 죄 많은 백성에게 임하고 있다. 하나님은 그들을 외면하지 못하셨다. 그들을 자녀로 삼으셨기 때문이다. 자녀를 양육해 보니 그 마음을 알겠다. 아이는 절대 외면할 수 없는 존재다. 부모는 한순간도 아이를 잊을 수 없다. 나의 피와 살을 나눠 가진 존재로부터 얼굴을 돌릴 수 없다.

첫째가 걸음마를 시작할 무렵 우연찮게 크고 날카로운 포크가 아이의 손에 쥐어졌다. 아이가 포크를 손에 쥐고 뒤뚱거리다가 넘어지면 크게 다칠 수 있기에 나는 첫째를 품에 안고 포크를 뺏으려고 했다. 말이 안 통했다. 결국 힘을 사용했다. 서로 옥신각신하던 차에 아이의 손에서 뺏은 포크가 반동을 이기지 못하고 내 이를 가격했다. 앞니가 깨졌다. 아팠다. 화가 났다. 그럼에도 아이를 바닥에 던져버릴 수 없었다. 내 분노를 감당하기엔 아이는 너무 어리고 연약했다. 분노를 삭혔다. 자신의 것을 빼앗겼다고 느낀 아이는 서럽게 울었다. 나는 아이를 품에 안고 아빠가 왜 그렇게 했는지를 찬찬히 설명해 주었다.

하나님은 오래 응답 받지 못한 간구로 인해 하나님을 원망하는 나를 보며, "네 믿음이 그것밖에 안되니? 그러니 응답을 못 받지!"라며 정죄하거나 책망하지 않으셨다. 오열하는 나를 품에 안고 하나님은 자신의 마음을 나누어 주셨고, 나를 향한 그분의 사랑을 확증시켜 주셨다.

하나님은 이사야 49장 14-15절을 통해 우리에게 말씀하신다.

"오직 시온이 이르기를 여호와께서 나를 버리시며 주께서 나를 잊으셨다 하였거니와 여인이 어찌 그 젖 먹는 자식을 잊겠으며 자기 태에서 난 아들을 긍휼히 여기지 않겠느냐 그들은 혹시 잊을지라도 나는 너를 잊지 아니할 것이라"

하나님이 자신의 피와 살을 나눠준 우리를 어찌 잊을 수 있겠는가? 우리는 하나님이 외면하실 수 없는 그분의 전부다. 모두가 나를 잊어도 하나님은 나를 잊지 못하신다.

계속해서 하나님께 나아가라. 하나님은 내게 다가오시기 위해 극복할 수 없는 거리를 초월하셨다. 죄를 건너고 사망을 넘으셨다. 주님은 이미 내 곁에 계신다. 나는 단 한순간도 버림받지 않았다. 아버지는 나를 외면하지 않으신다. 내 간구를 소중히 여기신다. 나로 만족하신다. 주님이 나를 사랑으로 채우셨기에 나는 부족하지 않다. 내 간절한 소원을 잠시 멈추고 주님께서 내게 무어라 말씀하시는지 귀를 기울여 보자. 거기에 나를 향한 간절한 사랑이 있다.

자녀를 양육하며 '우리는 과연 어디까지 죽어져야 하는가?'
답은 정해져 있다. 죽을 때까지 죽어야 한다.
그렇게 자신을 갈아 넣어 자녀에게 믿음을 먹였다.

2.

생명은 고상하게
품을 수 없다

나의 십자가 고통, 해산의 그 고통으로 내가 너를 낳았으니
너는 내 아들이라. 오늘날 내가 너를 낳았도다.
나의 사랑하는 내 아들이라.

- 찬양곡 〈너는 내 아들이라〉 중에서

청소년기에 자주 고백하며 은혜를 누린 찬양가사다. 열심
히 찬양을 불렀지만 그때는 해산의 고통이 어느 정도인지 감
이 오지 않았다. '해산의 고통이 얼마나 심하면 십자가의 고
통에 견줄까' 스스로 물었지만 답을 찾을 수 없었다. 남자인

나는 평생 그 답을 찾을 수 없을 거라 여겼다. 그러나 아이들을 양육하는 지금은 아주 조금 알 것 같다.

해산의 고통은 살아있을 때 겪는 죽음이다.

추운 겨울이었다. 첫째를 임신한 아내가 송구영신 예배를 마치고 집에 가던 길에 계단에서 미끄러졌다. 나는 아무것도 할 수 없었다. 마치 가위에 눌린 것처럼 목소리조차 나오지 않았다. 계단을 구르는 아내를 보며 한 가지 생각밖에 들지 않았다.

"다 끝났구나."

계단 끝까지 굴러 떨어진 아내는 한동안 일어나지 못했다. 아내에게 달려갔다. 아내는 배 위에 손을 얹어 아이를 지키고 있었다.

"괜찮아요. 넘어질 때 배로 떨어지지는 않았어요."

몸이 앞으로 쏠리는 순간 아내는 몸을 틀어 배를 보호했다고 한다. 배를 감싸고 있던 손에는 상처가 가득했고, 온몸에 멍이 들었다. 그날 꺾여버린 다리는 수년이 지난 지금도 아내를 괴롭게 한다. 그럼에도 아내는 아이가 무사하다는 사실로 기뻐했다. 떨어지는 순간 아내의 머릿속에 자신은 없고 아이만 있었던 것이다. '엄마'라는 단어가 갖는 무게였다. 아내는 자신의 생명을 걸고 아이를 지켜냈다.

우리는 임신 중에 이사야 66장 7~8절을 붙잡고 순산을 위해 기도했다.

"시온은 진통을 하기 전에 해산하며 고통을 당하기 전에 남아를 낳았으니 이러한 일을 들은 자가 누구이며 이러한 일을 본 자가 누구이냐 나라가 어찌 하루에 생기겠으며 민족이 어찌 한 순간에 태어나겠느냐 그러나 시온은 진통하는 즉시 그 아들을 순산하였도다"

나는 이 말씀을 믿었다. 이 말씀이 의미하는 바를 알지만, 문자 그대로 순산이 우리에게 일어나길 소망했다. 진통을 느끼자마자 출산하길 원했다. 그러나 착상부터 출산까지 모든 과정을 옆에서 지켜본 바 순산은 없었다. 자녀를 태에 품는 순간부터 해산의 고통은 시작된다. 몇 달을 품든, 어떻게 낳든, 분만실에서 몇 분을 머물고 몇 번의 힘을 주었던 간에 엄마와 아이 모두 생과 사의 경계를 넘나든다.

10개월을 자신의 몸에 고이 담아 지켜온 아이가 태어나기 전날 밤, 아내는 밤새 진통을 했다. 아내는 허리가 끊어질 것 같다며 괴로워했다. 진통이 허리로 왔다. 병원에 입원하고 출산을 위한 준비과정을 겪던 아내는 여자로서의 죽음을 맛보았다.

분만실에 들어가기 직전 아내의 손을 잡고 물었다.

"여보, 아이를 낳을 때 옆에서 무슨 말을 해주었으면 좋겠어요? 성경을 읽을까요, 아니면 힘내라고 할까요, 아니면 기도를 할까요?"

아내는 안쓰러운 표정으로 대답했다.

"아무 말도 하지 말고 가만히 계셔요."

"……네……"

아이를 낳기 위해 산산이 부서지는 아내를 보며 나는 아무 말도 하지 않았다. 아니, 할 수가 없었다.

분만실에서 가장 무서운 사람은 아내의 분만을 도와주는 간호사 선생님이었다.

"힘 주세요!"

"선생님, 더 이상 힘이 안 들어가요…."

"도망가지 마세요! 더 힘 주세요. 도망가지 말라구요!"

"아아아악!"

"소리 지르지 마요. 조용히 하세요! 소리 지를 힘 아껴요!"

선생님은 아내를 강하게 몰아붙였다. 비인격적으로 느껴질 만큼 아내를 혼내고 윽박질렀다.

아내의 성격을 아는 나는 아내가 애 낳다 말고 간호사 선생님에게 화를 내고 항의할까 봐 노심초사했다. 하지만 아내는 선생님께 순종했다. 아내의 혈압이 높은 수치로 치솟기 시작하자 의사 선생님은 수술을 통해 출산할 것을 권면했다. 나는 절박한 마음으로 그렇게 하겠노라고 했다. 차라리 아내가 비명이라도 질러 대길 바랐다. 아내는 소리조차 지르지 못하고 죽은 듯이 신음했다. 새로운 생명을 세상에 내놓기 위해 자신을 내려놨다. 그곳에서 아내는 자신의 자아가 죽는 경험을 했다고 한다. 그렇게 아내는 자신의 생명을 아이에게 나누어 주었다.

죽을 듯이 고통스러워하는 아내, 날카롭게 다그치는 선생님의 목소리, 피칠갑을 하고 태어나 첫 울음을 터뜨리는 아이, 그때 나는 깨달았다.

생명은 고상하게 품을 수 없다.

아빠가 된 나도 많은 것을 내려놓게 되었다. 아빠는 그냥 저절로 얻어지는 호칭이 아니었다. 내 것을 내려놓아야 했다. 남자로 사는 것을 멈추고 아빠로 살아야 했다. 그래야 다음 세대를 품을 수 있었다. 주님께서 너는 기르는 해산의 고통을 감당하라는 마음을 주셨다. 사람이 사람을 키운다는 건 쉽지 않은 일이다.

나의 무덤은 현관문 앞 신발장이었다. 놀이터라도 가는 날엔 현관 앞에서 언제 출발하냐며 자기들 먼저 준비시키고 필요한 물건 챙기는 부모를 재촉하는 아이, 좁은 현관문 앞에서 미적거리며 신발을 신는 아이, 추운 날씨에 외투를 걸쳐야 함에도 덥다며 드러눕고 고집 피우는 아이를 인내하며 가르

치는 것은 성질이 급하고 다혈질인 내게 너무도 힘든 일이었
다. 먹고 입는 것부터 잠자는 것까지 내가 살아온 모든 방식
의 죽음을 경험했다.

아이를 양육하며 마치 계단에서 굴러 떨어지는 것과 같은
추락을 느꼈다.

첫째 때는 좀 나았다. 나름 인격적인 아빠였고, 지혜롭게
아내를 돌보는 자상한 남편이었다. 조금이지만 내 삶이 있었
다. 아내가 허락하는 선에서 사람들이 부르면 나가서 운동도
하고 모임 후엔 차도 한 잔 마실 수 있었다. 그러나 곧바로 둘
째가 들어서고, 타국에서 맞이한 팬데믹 속에서 나는 내 인
격의 바닥을 보았다.

우리가 지내는 도시가 셧다운(Shutdown) 됐다. 좁은 집에
서 24시간, 네 사람이 동거했다. 끝이 없는 아이들의 에너지
는 나와 아내를 향했다. 오전 6시 30분에 첫째의 기상에 맞
춰 출근해서 육아와 가사를 마치고 저녁 10시에 퇴근했다가,
책상에 앉으면 다시 출근하는 기분이 들었다. 아내는 함께

청소를 끝내고 곧바로 첫째 이유식을 준비했고, 이유식 준비가 끝나면 둘째 수유를 시작했다. 퇴근이 없었다. 한국에는 이유식 주문이 가능하다는 이야길 듣고서는 당장 귀국하고 싶었다. 잠자리에서 한 시간을 뒤척이는 아이들 옆에 누워있을 때면 마치 내가 시체라도 된 듯한 기분이 들었다. 새벽에 도미노처럼 연달아 깨서 우는 아이들을 달랠 때면 목사임에도 불구하고 두려움에 압도되어 안절부절 못했다. 내일 아침엔 뭘 해서 먹고, 뭐하고 아이들과 시간을 보내야 하나 싶어 아득해졌다.

나는 사역이 하고 싶었다. 사실 부르심을 핑계 삼아 도망치고 싶었다. 사역은 내게 합리적인 도피처였다. 그러나 몇 번의 기회에도 하나님은 내게 분명한 응답을 주시지 않았다. 아내는 그런 나를 보며 자신과 아이들이 내 발목을 잡는 것 같다며 미안해했다. 나는 애써 웃음지었다.

골방으로 들어갔다. 하나님 앞에 나아갔다. 사역을 놓고 기도했다. 당장 사역을 하면 재정의 문제도 어느 정도 해결되

거니와 육아와 공부로 인해 느끼는 무력감을 해소할 수 있을 것 같았다. 그러나 하나님은 가정을 돌보라는 마음을 주셨다. '그럼 공부를 좀 내려놔야겠다' 싶었는데, 하나님은 "내가 너를 여기 보낸 목적에 충성하라"고 말씀하셨다.

"아, 어쩌라고요." 솔직한 내 심정이었다.

나의 경력은 단절됐고, 나의 시간이 죽어가기 시작했다. 오래도록 입지 않은 정장에는 듬성듬성 곰팡이가 피기 시작했고, 구두에는 먼지가 수북하게 내려앉았다. 나는 넥타이보단 앞치마를 즐겨 입었다. 주방에 있으면 평안함을 느꼈고, 장보러 갈 때면 해방감을 느꼈다. 그럼에도 모든 상황을 허락하신 하나님께 순종했다. 순종만이 내가 살고 가정도 사는 길이라 굳게 믿었다.

살고자 들어간 골방에서 주님은 나를 죽이셨다.

한 번은 아이를 데리고 집 앞 카페에 갔다. 커피가 너무 마시고 싶었다. 아이는 따뜻하게 옷 입히고 나는 집에서 입던 옷 그대로 하고 카페에 갔다. 그러나 이내 후회했다. 카페 구석진 곳, 석양이 내려앉는 자리에 나와 같이 공부 중이던 친구 목사님이 앉아 있었다. 아직도 친구의 모습이 기억난다. 빛이 났었다. 멋있었다. 갈색 스웨터에 검은색 헌팅캡을 쓰고, 귀에는 신형 이어폰을 끼고 커피 한 잔을 마시며 책을 읽고 있었다.

내 복장도 기억이 난다. 목이 늘어진 티셔츠에 매제가 입다가 살쪘다며 넘겨준 검은 반바지에 너절한 슬리퍼를 신고 있었다. 검은색 티셔츠 어깨에는 아이가 토한 자국이 하얗게 얼룩져 있었고, 가슴팍엔 대학교 동아리 이름이 큼지막하게 적혀 있었다. 바지는 아이의 코를 손으로 닦아주고 문지른 흔적들로 가득했다. 아이를 안고 친구와 짧은 토막 대화를 나누며 늘어진 티셔츠의 목 부분을 수없이 매만졌다. 커피 한 잔을 받아 도망치듯 집으로 왔다.

"내가 미쳤지…. 아무리 집 앞이어도 이 꼴로…."

거울에 비친 내 모습은 더 없이 초라했다. 내 젊음은 죽어 있었다.

또 골방으로 들어갔다. 이번에도 기도 제목은 '사역'이었다. 가정을 벗어나 일을 하면 다시 나를 찾을 수 있을 것 같았다. 내 가치를 인정받고 싶었다. 그러나 주님은 마태복음 6장 33-34절을 통해 내게 맡기신 그의 나라와 의, 즉 오늘 나의 최우선 사역이 가정과 학업임을 깨닫게 하셨다. 내 가치를 다음 세대에게 쏟아 부으라고 말씀하셨다.

"그런즉 너희는 먼저 그의 나라와 그의 의를 구하라 그리하면 이 모든 것을 너희에게 더하시리라"

"하나님, 그럼 뭐 먹고 살아요? 내일은 뭐하고 아이들과 시간을 보내줘요? 저는 내일이 무섭습니다."

"그러므로 내일 일을 위하여 염려하지 말라 내일 일은 내일이 염려할 것이요 한 날의 괴로움은 그날로 족하니라"

하나님은 내게 염려를 허락하지 않으셨다.
내일에 대한 염려의 주어는 내가 아니다. 내일이다.
내일에는 누가 있는가? 누가 내일을 사는가?
누가 내일을 주관하시는가?

내 아버지다.

"염려"라는 말이 전혀 어울리지 않는 전능자께서 내 염려를 짊어지시고, 나를 위해 고민하신다.

골방으로 들어가니 열방이 우리를 도왔다. 내 영광을 버리니 하나님이 우릴 영화롭게 하셨다. 내가 죽으니 가정이 살아났다. 하나님은 우리의 가정과 학업을 후원해 주는 지체들을 보내기 시작하셨다. 입고 먹는 것에 부족함이 없게 하셨다. 재정으로 인한 한 터럭의 염려도 허락하지 않으셨다. 그의 사랑이 우리를 강권하셨다. 그들 중 넉넉한 사람은 아무도 없었다. 우린 괜찮으니 후원을 멈춰 달라고 부탁해도 그분들의 선한 고집을 꺾을 수 없었다. 우리를 돕는 게 아니라 하나님이 주신 마음에 순종하는 거라며 힘을 다해 수고하셨다. 나는 그들의 희생을 배신할 수 없었다. 생명을 다해 가족을 섬기고, 공부에 매진했다.

나는 공적인 일이 없는 시간엔 무조건 가족과 함께했다. 수업을 마치고 커피 한 잔 하자는 요청에도 아내와 마시겠다며 집으로 향했다. 나와 마시는 커피 한 잔이 아내에게 생기를 줄 거라 믿었다. 집에 가서 아이들 TV 틀어주고, 옆에서 아내와 커피 한 잔 마시며 미주알고주알 떠드는 게 우리의 유일한 데이트였다. 사족을 못쓰던 운동도 내려놨다. 영화 한 편 보는 것이 소원이 되었다. 아내는 자기만 죽으면 되니 나보고는 살라고 말했다. 나는 같이 죽겠다고 했다. 그렇게 우리는 다음 세대를 위해 죽기를 기뻐했다.

> "내가 진실로 진실로 너희에게 이르노니 한 알의 밀이 땅에 떨어져 죽지 아니하면 한 알 그대로 있고 죽으면 많은 열매를 맺느니라"(요 12:24).

만약 밀알이 자신의 형태를 고집스럽게 유지하며 흙 속에서 썩어지기를 거부하고, 세찬 비바람과 이글거리는 햇볕을 피해 시원한 저장고에 눌러앉아 지낸다면, 그는 작고 힘없는 밀알 그대로 남아 아무것도 남기지 못하고 소멸할 것이다. 어떻게 살든 마지막은 온다. 영원한 것은 없다. 무엇을 위해 내게 주신 생명을 사용해야 할까?

오늘날 우리는 나의 모습, 내가 누려야 할 삶을 잃어버리지 않고 유지하는 것을 영광스럽게 생각하는 시대를 살고 있다. 그러나 하나님이신 예수님은 자신의 형상을 버리고 이 땅에 오셨다. 죽음이라는 말이 전혀 어울리지 않는 불멸자께서 나를 위해 죽으셨다. 자신을 비우셨다. 그리고 우리를 담으셨다. 자신의 영광을 버리셨다. 그리고 우리를 영화롭게 하셨다.

자녀를 양육하며 '우리는 과연 어디까지 죽어져야 하는가?' 매일 갈등한다. 답은 정해져 있다. 죽을 때까지 죽어야 한다. 그렇게 하지 않고서는 다가올 세대를 살아갈 우리의 자녀들을 믿음으로 세울 수 없다.

아내는 매일 자신이 짓이겨지고 갈려서 없어지는 느낌을 받았다고 했다. 아내가 살아온 모든 틀이 깨졌다. 아내는 그렇게 자신을 갈아 넣어 자녀에게 믿음을 먹였다.

생명은 오직 생명으로만 품을 수 있다. 힘없고 연약한 우리의 생명이 자녀들에게 심겨졌다. 우리의 영광을 포기할 때,

하나님의 영광이 다음 세대의 믿음을 영화롭게 할 것이다.
죽기를 기뻐하며 우리의 형상을 내려놓을 때, 다음 세대가
하나님의 형상을 볼 것이다.

나는 믿기에 오늘도 죽는다.

하나님은 내가 막막하다고 느꼈던 시간들을 통해
나를 성실한 사람으로 단련하셨다. 사람들은 나를 잊을지라도
하나님의 기억에 남는 사람이 되기 원하셨다.

3.
하나님의 기억에
남는 사람

나의 시간과 하나님의 시간은 늘 달랐다. 그래서 나는 하나님의 시간에 나를 맡기는 법을 배워야 했다. 하나님의 시간이 내게 임할 때, 내가 본능적으로 보이는 반응은 '당황스러움'이었다. 주님은 언제나 내 생각을 뛰어넘어 일하셨다. 내가 "좌"하면 그분은 "우"하셨다. 내가 '이것만은 안돼'라고 생각하며 한계를 그리면, 주님은 반드시 나를 그 너머로 인도하셨다. 눈물을 삼키며 도달한 그곳엔 은혜가 있었다.

유학길에 오른 뒤 5개월이 채 되지 않아 하나님은 둘째를 주셨다. 계획에 없던 일이었다. 당혹스러웠다. 하나님의 생각을 이해할 수 없었다. 그토록 첫째를 원할 때는 주지 않으시더니 교회를 사임하고 공부를 시작할 때 첫째를 주셨다. 수입이 없어 먹고 살길이 막막할 때, 즉 내가 아이에게 해줄 수 있는 게 아무것도 없을 바로 그때 그토록 원하던 아이를 주신 것이다.

그래서 둘째는 유학이 끝날 때 즈음 준비해서 졸업 후 귀국하여 한국에서 낳을 계획이었다. 철저한 우리의 계획과 시간표를 작성해 놓고는 '이대로만 흘러가라. 이게 최선이야!' 생각했다. 하지만 우리의 최선과 하나님의 최선은 달랐다. 하나님은 곧바로 둘째를 주길 원하셨다.

훗날 알게 된 사실이지만, 아내는 어느 정도 하나님의 뜻을 짐작하고 있었다고 한다.

"이는 내 생각이 너희의 생각과 다르며 내 길은 너희의 길과 다름이니라 여호와의 말씀이니라"(사 55:8).

말씀을 읽던 아내는 하나님이 곧 둘째를 주실 것 같은 마음이 들었으나 이내 머릿속에서 지워버렸다고 했다. 아직은 둘째를 원하지 않았고, 두려운 마음이 앞섰기 때문이었다. 재정의 여유는 없고, 첫째는 아직 젖을 떼지도 못했고, 자신은 타국 생활에 적응 중이었으며, 남편은 막 첫 학기를 끝내고 본격적인 전공 수업을 앞두고 있었기 때문이다.

몸의 이상을 느낀 아내가 임신인 것 같다며 걱정스러운 표정으로 나를 찾아왔다. 나는 그럴 리가 없다는 반응을 보였다. 하지만 테스트기를 포함한 모든 증거가 임신을 향하고 있었다. 며칠 뒤 임신 여부를 확인하기 위해 산부인과에 가서 피검사 등 간단한 진료를 받았다. 임신이 맞았다. 기뻐할 틈도 없이 날아온 영수증 때문에 아내는 깊이 근심했다. 영수증엔 우리나라 돈으로 200만 원이 넘는 금액이 청구되어 있었다. 타국에서 둘째를 낳을 계획이 없었기 때문에, 우리가 가입한 보험엔 임신에 대한 조항이 없었다. 계속 진료를 받을 재정도, 그렇다고 아이를 낳을 재정도 우리에겐 없었다. 그날 밤 나는 잠을 이룰 수가 없었다. 마음이 답답했다. 밤새도록 하나님의 도우심을 구하고, 나를 비우는 기도를 드렸다. 내 계획을 깨시는 하나님께 순종하기 위해 힘썼다.

임신 초기 아내는 많이 울었다. 입덧이 심한 아내는 오전엔 방에서 나오지 못했다.

"여보 많이 아파요? 병원이라도 가볼까요?"

걱정스러운 마음에 함께 놀던 첫째를 품에 안고 방문을 살며시 열어 아내를 살폈다.

"아니요. 괜찮아요. 버틸 만해요."

"그런데 왜 그렇게 울어요. 참지 말고 병원 가요. 돈 있어요."

"…자꾸 회개가 나와요."

아내는 목소리를 높여 울기 시작했다. 아내를 안아 주었다. 한참을 울던 아내는 훌쩍거리며 말을 이어갔다.

"처음에 아이가 생겼다는 사실을 알았을 때 축복해 주지 못하고 걱정부터 했어요. 그게 너무 미안해요. 아이에게 미안해요. 하나님이 아이를 주셨는데 기뻐하기보단 내가 할 수 없을 것 같다는 생각에 두려워하기만 했어요."

그렇게 아내는 한 달을 눈물로 회개하며 하나님께서 주신 아이를 축복했다.

첫째를 출산하고 10개월 만에 임신하게 된 아내는 임신 초기에 육체적으로 많이 힘들어했다. 타국에서 유학중이었던 터라 우리를 도와줄 사람도 없었다. 나는 아내를 대신해 첫째를 돌보고 끼니를 챙겼다. 늦은 밤 아이를 재우고 나면 집안일을 하고 밑반찬을 했다. 그리고 자리에 앉아 공부를 시작했다. 새벽 4시 즈음 자리에 누워 정확히 아침 6시 30분에 일어나는 첫째를 챙겼다. 하루는 아침 6시에 일어나 엄마를 찾으며 우는 첫째를 거실로 데려가 처음으로 소리를 질렀다. 30분 덜 잔 게 그렇게도 아쉽고 서운했다.

"네가 이러면 아빠는 어떻게 살라고! 조용히 좀 해!"

내 인격의 바닥을 보았다. 지금도 그때만 생각하면 아이에게 미안하다.

3월 28일, 아내의 생일이었다. 하나님은 아내에게 생일 선물을 주셨다. 기적처럼 입덧이 멈췄다. 오랜만에 외출을 했다. 벚꽃이 흩날리는 길을 함께 걸었다. 첫째도 오랜만에 엄마 품에 안겼다. 나는 아내 앞에서 눈물을 보였다. 아내는 왜 우는지 물었다. 나는 대답했다.

"평범하기만 했던 이런 날이 너무 그리웠어요."

커피를 한 모금 마시고, 아내의 손을 꼭 잡고 걸으며 나는 또 울었다.

아내가 회개하던 한 달간 나는 하나님께 매달렸다. 그때 내 마음은 몹시도 가라앉아 있었다.

"굳이 여기로 보내셔서, 반년도 안 되어 어려움을 겪게 하시는 하나님을 저는 이해할 수가 없습니다."

한 달간 여러 가지 미사여구로 내 마음을 포장하며 기도했지만, 사실 하나님을 향한 내 마음은 차갑게 식어 있었다. 나는 귀국을 생각하고 있었다. 우리가 가진 모든 재정을 쏟아 부어도 아이를 출산할 비용을 감당할 수가 없었다. 아내는 혼자 첫째를 데리고 한국으로 가서 출산한 뒤 돌아오겠다고 했지만 나는 동의할 수 없었다. 아내와 아이가 한국에 가서 지낼 곳도 마땅치 않았다. 머리가 복잡했다.

그러던 중 담당 교수님이 내 상황을 알고 연락을 주셨다.

"목사님, 내일 아침 8시에 잠깐 내 방으로 올 수 있을까요?"

아침 일찍 커피 한 잔을 사서 교수님 방에 찾아갔다. 교수님은 나를 한참 바라보시더니 입을 열었다.

"내가 상황을 들었어요. 힘들죠? 내가 해줄 수 있는 게 없네요."

속상한 마음이 들었다. 도움을 기대했는데 그런 말을 들으니 허탈했다. 그만큼 나는 예민해져 있었다. 교수님은 예의상 미소를 잃지 않으려는 내 마음도 모르고 말씀을 이어갔다.

"기도해 주고 싶어서 연락했어요. 내가 기도해 줄게요."

기도해 준다는 말이 따숩고 든든하게 다가왔다. 교수님의 마음은 진심이었다. 내 상황을 전해 듣고 날 돕기 위해 나름의 방법을 찾아보셨다고 한다. 그리고 본인이 날 위해 아무것도 해줄 수 없음을 깨닫고, 기도라도 해주고 싶어서 나를 찾으셨단다.

그는 내 손을 꼭 잡고 한참을 기도했다. 간절히 그리고 천천히, 내가 알아들을 수 있는 쉬운 단어를 사용해 기도해 주었다. 그가 구할 수 있는 모든 축복을 구했다. 차츰 냉랭했던 내 마음에 온기가 차오르기 시작했다. 손등 위로 떨어지던 그의 눈물은 늦겨울 차갑게 얼어붙은 내 맘을 녹여 주었다. 나도 울었다.

기도를 마치고, 교수님은 내 눈을 보며 말했다.

"목사님, 기도가 끝날 때 즈음 하나님이 생각나게 한 사람이 있어요. 목사님을 도와줄 수 있는지 지금 연락해 볼게요. 그러나 너무 기대는 마요."

교수님이 연락한 사람을 통해 하나님은 우리를 도울 수 있는 사람을 만나게 해주셨다. 그를 통하여 둘째를 출산하는 모든 과정에서 요구되는 재정과 두 자녀를 위해 앞으로 부담해야 할 의료비 일체를 해결받았다. 하나님은 둘째를 통해 자녀에 대한 계획과 주권이 하나님께 있음을 가르쳐 주셨고, 주님의 모든 능력을 사용하여 우리 가족을 먹이기 시작하셨다.

돌아보니 나는 여전히 아이에게 아무것도 해줄 것이 없는 사람이었다.

첫째를 키울 때 나는 날마다 아이를 품에 안고 기도했다. 시간 가는 줄 모르고 찬양을 부르고 축복해 주었다. 무익한 내가 아버지로서 해줄 수 있는 건 그것뿐이었다. 하나님은 둘째도 그렇게 키우라고 격려하셨다. 무익한 아빠의 기도는 하나님의 시간을 통과하며 유익하고 힘있는 축복이 되어 자녀에게 흘러갔다. 내가 살아오며 받은 응답보다 자녀를 통해 받은 응답이 더 많았다. 세상에서 나를 가장 사랑해 주는 아이들을 통해 나는 분에 넘치는 사랑을 누리게 되었다.

시험 기간이 되면 약속이라도 한 듯 가족 중 한 명이 아팠다. 하나님은 가족을 선택하라고 말씀하셨다. 선택에 공짜는 없다. 선택의 동의어는 포기다. 무언가를 선택한다는 것은 무언가를 포기한다는 의미다. 나는 나를 내려놓아야 했다. 낮에는 가족을 돌보고 밤에는 잠을 줄여가며 공부했다.

원어는 암기 과목이 대부분이었기 때문에 시간을 투자하는 만큼 점수가 향상됐다. 점수가 안 나오는 것은 머리가 나빠서가 아니라 공부하지 않기 때문이다. 변명할 수 없었다. 졸음이 몰려와 암기하지 못했을 땐 몸이라도 기억하길 바라며 단어와 문법을 적고 또 적었다. 교통사고가 나도 곧바로 책상에 앉아 공부를 했다. 밤이 되니 온몸이 아팠지만 참고 눈물을 쏟아가며 공부를 했다. 아이가 태어나던 날에도 아내 옆을 지키며 밤새 단어를 외웠다. 내용이 이해되지 않아도 공부했고, 성적이 기대에 못 미쳐도 공부했고, 화가 나도 공부했다. 하나님은 내가 성실하게 공부하길 원하셨다. 상황과 환경을 탓하며 때론 시도조차 않는 내 연약함을 내려놓고 최선을 다해 내게 허락하신 시간을 살아내길 원하셨다.

가정과 공부는 나의 땅 끝이었다.

이와 별개로 마음엔 두려움이 싹트기 시작했다. 이대로 졸업까지 버틸 자신이 없었다. 집 앞에 자리한 나무를 멍하니 바라보는 시간이 길어졌다. 다른 집 나무들은 모두 꽃이 만개했는데, 우리 집 앞 나무엔 꽃이 피질 않았다. 내 인생

같았다. 남들은 만개하여 활짝 핀 꽃 같은 인생을 사는데 나만 피지 못하고 낙오된 인생 같았다. 나의 경력은 단절되었고, 나의 시간은 죽어가고 있었다.

'이 과정이 내게 무슨 의미가 있을까? 당장 써먹을 곳도 없지 않나? 누가 목회 현장에서 이런 걸 붙들고 있어. 그럴 시간이 어디 있어. 동기들은 모두 현장 경험을 쌓고 있는데, 나는 지금 여기서 뭐하고 있는 거지?'

깊은 회의감이 들었다.

그날 새벽, 전공 교수님에게 장문의 메일이 한 통 왔다.

학생들에게.

여러분이 지금 배우고 있는 과정에 대해 많은 의문을 품고 있을 거라 생각합니다. 어떤 학생은 지금 배우는 것의 대부분은 목회 현장에서 필요하지 않을 내용들이라며 제게 항의 메일을 보내기도 했습니다. 네, 맞습니다. 현장에 나가면 이렇게 성경을 해석할 시간조차 없을 거예요. 하지만 지금의 시간을 헛되다고 생각하지 말아주세요. 여러분은 지금 성경을 올바로 해석하기 위한 기초를 다지는 과정 중에 있습니다. 점수에 너무 연연하지 마세요.

하나님은 여러분에게 좋은 성적을 요구하지 않으십니다. 하나님이 지금 여러분에게 원하시는 것은 주어진 시간 안에서 성실하게 공부하는 것입니다. 이 시간을 성실하게 보낸다면 주어진 설교 본문을 올바로 해석할 수 있는 능력을 지니게 될 것입니다.

성경을 올바로 해석하고 전할 수 있는 목회자의 설교를 매주 들을 수 있다는 것은 교회 공동체에게 선물과 같은 행복이 될 것입니다. 여러분은 지금 교회를 위한 위대한 선물이 되어가는 과정 중에 있습니다. 하나님은 여러분에게 성적보다 성실을 원하십니다. 재능과 성실함은 상관이 없습니다. 하나님에게 'Fail'(낙제)은 없습니다. 성실히 공부하세요.

하나님은 내가 막막하다고 느꼈던 시간들을 통해서 나를 가족과 교회를 위한 선물로 빚어 가셨다. 공부와 육아를 통해 하나님은 나를 낮추셨다. 순종했지만 괴로웠다. 나를 찍어 누르는 그분의 손길이 한없이 야속하게 느껴졌다. 그러나 하나님은 육아와 공부를 통해 나를 성실한 사람으로 단련하셨다. 사람들은 나를 잊을지라도 하나님의 기억에 남는 사람이 되기 원하셨다. 경력은 단절될지라도 자녀들에게 생명을 흘려보내는 부모가 되길 원하셨다.

하나님은 자녀 양육을 통해 열방을 꿈꾸던 나와 아내를 골방으로 인도하셨다. 그곳에서 우린 살아계신 하나님을 대면했다. 우리를 사랑하시는 아버지를 누렸다. 모든 필요를 채우시는 공급자를 만났다.

졸업식장에서 만난 전공 교수님은 나를 보며 말씀하셨다.
"성도, 너는 많이 힘들었을 거야. 모국어가 아닌 영어로 원어를 배우고, 원어를 영어로 번역했지. 나는 상상할 수가 없어. 외로웠지? 너는 정말 외로웠을 거야. 나는 항상 너를 기억

할 거야. 너를 존경해. 너의 성장을 보았어. 네가 졸업식에서
'Honor'를 수상하는 걸 봤어. 넌 자격이 있어. 내가 보증해.
잊지 마. 말씀에 계시된 하나님이 너를 통해 드러나는 것이
설교야. 넌 교회를 위한 위대한 선물이 될 거야. 난 네가 자
랑스러워. 끝까지 포기하지 않았지. 고마워."

나를 보시는 교수님의 눈가엔 눈물이 맺혀 있었다. 나도
곁에서 울었다. 교수님의 격려는 마치 하나님의 음성처럼 들

렸다. 주님은 당신께서 허락하신 모든 시간을 내가 성실히 살아내어 하나님을 닮은 가장이 되는 것과 교회를 위한 선물이 되기를 원하셨다. 나의 졸업식은 실은 우리 가족 모두의 졸업식이었다.

아이들을 볼 때마다 하나님의 때에 자녀를 주신 주님의 계획을 신뢰하며, 우리가 하나님의 시간 안에 살고 있음을 확신하게 된다. 하나님의 시간이 임할 때 나의 계획이 무너진다. 그리고 하나님의 일하심은 시작된다. 주님의 시간을 살며 능력과 존귀로 옷 입고 후일에 웃는 자가 될 줄 믿는다.

고난은 방법으로 통과하는 것이 아니라 사랑으로 넘어서는 것이다.
하나님은 내가 고난당할 때 방법을 주지 않으시고
나를 더욱 사랑해 주셨다.

4.
카시트라 쓰고
고난이라 읽는다

2021년 6월 16일, 둘째 딸아이의 입국 문제를 해결하기 위해 워싱턴행 비행기에 몸을 실었다. 그때부터 우리는 세 달 동안 한 곳에서 10일 이상 머물러 본 적이 없다.

아이들은 잠자리가 바뀌어도 잘 자는 경지에 도달했다. 감사하게도 계속해서 장막 칠 곳으로 인도함을 받았다. 하늘 아버지께서 우릴 배불리 먹이셨다. 옷이 없으면 옷을 주셨고, 신발이 없으면 신발을 주셨다. 그리고 갈 곳이 없으면 초대받게 해주셨다. 곤고할 때면 마음을 나눌 친구들을 만나게 해주셨다. 서글플 때도 있지만, 좋을 때가 더 많다.

첫째는 차에서 자작곡으로 하나님을 찬양했다. "예수님 살려주세요. 이 땅에 다시 오세요." 카시트를 힘들어하는 아이의 간절한 고백이었다. 그러더니 카시트에서 "아버지~ 아버지" 하다가 잠이 들었다. 카시트가 불편하다며 고집피우지 않아서 감사했다.

차가 없을 때 몇 번 택시를 탔는데, 아이들은 그때 카시트 없이도 차를 탈 수 있다는 사실을 알게 되었다. 그래서 그 뒤로는 카시트에 앉으면 힘들어한다. 그냥 앉아 있으면 안되냐고 울며 사정한다. 하지만 그냥 앉아 있지 않는 게 문제다. 차에서 자꾸 일어선다. 위험하다. 그러면 나는 적절한 보상을 통해 아이를 달랬다. 아침마다 어떻게 카시트에 태울지, 무엇으로 보상해 줄지 고민했다. 그때 하나님이 내 마음을 새롭게 해주셨다.

"당연히 해야 하는 일에는 보상을 바라지 마라."

하늘 아버지와 나의 관계가 나와 아이들의 관계였다. 하나님 아버지를 바라보는 내 시선이 아이들을 대하는 내 태도를 결정지었다. 나는 내가 하나님의 부르심 때문에 고생하고 있다고 생각했었고, 하나님은 그런 내게 적절한 보상을 주셔야 한다고 생각하고 있었다.

고난을 통과하면 하나님이 보상을 주시겠지, 축복이 있겠지 믿으며 고난 중에 있는 나 자신을 위로했고, 고난당하는 지체들을 심방했다. 그러다 고난의 종착역에 내가 원하는 보상이 없을 때면 몹시 실망했다. 주변에서도 내가 걸었던 길이 응답이 아니었다며 나의 믿음을 점검해 보라는 권면을 하곤 했다. '보상'은 내가 걸어간 길과 겪은 고난이 '하나님으로부터냐, 아니냐'를 결정짓는 증거가 되었다.

내가 틀렸다. 당연한 일에 보상은 필요 없다. 나는 보상이 아닌 상급으로 사는 사람이다. 보상은 내게 달려 있지만 상급은 주는 이의 호의(Favor)에 달려 있다. 그래서 상급을 은혜(Grace)라 부른다.

나는 "이것을 사줄게, 저것을 사줄게"라는 보상보다 운전 중에 자주 쉬는 것을 선택했다. 마음을 알아주고 쉼을 주었다. 목적지까지 두 배의 시간이 걸렸지만 아이가 스스로를 다스릴 수 있는 인내를 배우는 시간이 되었다.

　카시트는 아이를 목적지까지 안전하게 데려다 주기 위한 유일한 수단이다. 좀 답답하고 불편할 수 있지만 다른 방법이 없다. 생명과 직결되기 때문에 순응해야 한다. 다치지 않고 건강하게 목적지에 도달하는 것이 보상이다. 나는 자녀가 고난을 당할 때 내 방법, 즉 보상을 줌으로써 이이를 위로하려 했다. 정확히는 통제하려고 했다. 그러나 고난은 방법으로 통과하는 것이 아니라 사랑으로 넘어서는 것이다. 하나님은 내가 고난당할 때 방법을 주지 않으시고 나를 더욱 사랑해 주셨다. 보상으로 통제 받는 삶이 아닌, 사랑으로 다스림 받는 삶으로 나를 초대하셨다.

　나는 자주 고난당한다는 이유만으로 하나님을 조종하려고 했었다. 내가 지금 하나님 때문에 고난을 당하고 있으니 하나님은 내 입장을 알아주셔야 했다. 무조건 내 편이 되셔야 했고, 아픔을 보상받을 만한 응답이 있어야 했다. 고난에 상응하는 간증이 있어야 했고, 사람들에게 보여 줄 드라마가 있어야 했다. 보상을 통해 내가 걸었던 길이 옳고, 나는 하나님의 사람임을 증명해야 했다.

고난이 많을수록 나를 특별한 사람으로 해석했다. 특별한 일에 나를 쓰시려고 고난을 주신다고 믿었다. 고난을 유별난 일로 받아들였다. 그러나 믿는 자에게 고난은 당연한 일이다.

예수님은 하나님의 아들이심에도 고난을 통해 순종을 배우셨다.

"그가 아들이시면서도 받으신 고난으로 순종함을 배워서"(히 5:8).

성경에 고난 없는 제자는 없었다. 심지어 사도 바울을 부르실 때 고난을 받을 것임을 말씀하셨다.

"그가 내 이름을 위하여 얼마나 고난을 받아야 할 것을 내가 그에게 보이리라 하시니"(행 9:16).

고난은 영광과 함께 누려야 할 상속자의 권리다.

"자녀이면 또한 상속자 곧 하나님의 상속자요 그리스도와 함께
한 상속자니 우리가 그와 함께 영광을 받기 위하여 고난도 함께
받아야 할 것이니라"(롬 8:17).

믿는 자에게 고난은 저주가 아니라 축복이다. 상속자 됨
의 증거다. 고난을 해석하는 관점에 대한 변화가 필요하다.
보상을 기대하며 고난을 통과하기보다는 고단한 시간 속에
서도 나를 향한 사랑을 멈추지 않는 하나님을 만나야 고난
이 유익이 되는 인생을 살게 된다.

우리가 고난을 당할 때 기대하는 것이 있다. 바로 내 속사
람의 변화다.
"지금의 고난을 잘 통과하면 난 더욱 성숙해질 거야!"
"이전의 죄로부터 조금 더 자유로워질 거야!"
그러나 사람은 고난을 통해 변화되지 않는다. 고난에는
죄를 끊어낼 능력이 없다. 그랬다면 바로는 역사에 길이 남을
신실한 하나님의 사람이 되었어야 했다. 하나님 없는 고난은
그를 강퍅하게 만들었다. 하나님 없는 고난은 나의 자아만

단련시킬 뿐이다. 사람은 고난으로 성화되지 않는다. 사람은 고난 가운데 임한 하나님의 사랑을 통해 변화를 경험한다. 하나님의 사랑에 내 속사람이 녹아져야 진정한 변화를 체험하게 된다.

깨지고 부서지는 아픔 속에서 나를 지키시기 위해 펴신 그분의 손을 붙잡아야 한다. 하나님의 사랑 안에서 어떤 고난은 내게 기다림을 배우게 했고, 또 어떤 고난은 의연함을 가르쳐 주었다. 나는 고난을 통해 상실감을 경험했지만, 하나님은 욕심으로 무거워진 나를 가볍게 하셨다. 나는 내 소망을 하나님이 무시한다고 느꼈지만, 실상은 소망의 탈을 쓴 수렁에서 나를 건지셨다.

고난을 당한다는 건 살아있다는 반증이다. 하나님 없는 축복은 저주가 되지만, 하나님이 함께하시는 고난은 나로 하여금 하늘의 생명력을 품게 한다. 하나님이 함께하시는 고난을 통해 나는 하늘 아버지의 사랑이 흘러가는 통로로 세움 받게 된다. 죄와 버려짐의 상징인 것 같은 나의 고난에 하나님이 찾아오셔서 사랑을 부어 주신다. 그곳에서 역전이 일어난다. 고난을 잘 통과하면 나도 살고, 이웃도 살린다.

우리는 간혹 어려운 문제나 상황을 고난으로 받아들인다. 그러나 성경은 하나님을 선택함으로 말미암아 겪게 되는 어려움을 고난으로 해석한다. 요셉은 보디발의 아내가 던진 유혹을 거절함으로써 고난을 당한다. 하나님 뜻대로 살아보려 했던 결과 감옥 밑바닥에 던져진 인생이 되었다. 그나마 잡은 기회마저 박탈당했다. 그러나 감옥에 갇힌 요셉에게 하나님이 함께하시며 인자를 더하시고 은혜를 베푸셨다. 그는 기회는 날려버렸지만 하나님을 잃지 않았다.

"여호와께서 요셉과 함께하시고 그에게 인자를 더하사 간수장에게 은혜를 받게 하시매"(창 39:21).

만약 그때 요셉이 보디발의 아내를 선택했다면 그는 잠시 향락을 만끽하며 만족스러운 삶을 살았을 것이다. 그러나 요셉은 하나님의 인자와 은혜를 맛보지 못했을 것이다. 극심한

흉년으로부터 열방을 구원하고 그의 아버지 야곱을 위로할 하나님의 사람 요셉은 찰나의 쾌락에 매장당해 존재하지 않았을 것이다.

다니엘은 왕이 내리는 만찬을 거절함으로써 고난당하는 선택을 했다. 전쟁 포로로 잡혀온 십대 소년이 왕의 식사를 거절한다는 것은 생명을 건 도전임과 동시에 자신이 누릴 수 있는 최선의 권리를 포기하는 것이었다. 다니엘은 왕의 음식을 먹지 않게 해달라며 환관장을 설득한다. 왕이 내린 명령을 환관장의 손으로 틀어버리는 것은 사형에 해당하는 중죄였음에도 불구하고 그는 다니엘과 친구들의 부탁을 들어준다. 나이 어린 전쟁 포로의 신앙을 지켜주기 위해 정복 국가의 환관장이 자신의 목을 건다. 환관장이 다니엘과 친구들에게 약점을 잡힌 것도 아니며 일면식이 있는 사이도 아니었다. 성경은 "하나님이 다니엘로 하여금 환관장에게 은혜와 긍휼을 얻게 하신지라"(단 1:9)고 증언한다. 세상의 법칙으론 이해할 수 없고 설명할 수 없는 불가항력적인 일이 일어났다. 하나님의 은혜와 긍휼 때문이다.

은혜와 긍휼은 대표적인 하나님의 성품이며 인격이다. 그들이 하나님을 선택할 때, 즉 진리 안에서 고난당하기를 기뻐할 때 하나님이 그들의 삶에 적극적으로 개입하셨다.

출애굽한 이스라엘 백성에게 하늘에서 만나가 내려왔다. 이스라엘이 광야에서 음식으로 고생할 때 하나님은 만나를 내려 주심으로 그들을 위로하셨다. 만나는 '이게 뭐야?'(What is it?) 또는 '이건 이거야'(It is it)라는 뜻을 가지고 있다.

다시 말해서, 내가 고난당할 때 하늘에서 은혜가 임했는데, 이게 뭔지 이해도 안 되고 설명할 길도 없다는 뜻이다. 은혜란 그런 것이다. 이해할 수도 없고, 설명할 수 없는 하늘의 삶이다. 오늘도 말로 다할 수 없는 은혜가 내가 당한 고단한 삶에 흘러넘치고 있다.

내가 아이를 건강하게 키우려고 하는 모든 시도가 아이 입장에선 고난이다. 밥 먹기 싫은데 밥을 먹는 것이 고난이고, 더 놀고 싶은데 자야 하는 것이 고난이고, 차에서 돌아다니고 싶은데 답답한 카시트에 앉는 것이 고난이다.

자꾸 도망가고 반항하는 아이를 보며 답답한 마음에 호소했다.

"내가 나 위해서 이러는 거니? 너 건강하라고 이러는 거잖아!"

하나님이 내게 하실 말씀을 나는 아이에게 하고 있었다.

하나님이 나를 생기 있게 살게 하려는 모든 시도가 내 편에서는 고통으로 해석된다. 난 사망과 벗하고 싶어 하는 죄인이다. 죽음을 생기로, 생명을 사망으로 착각하기 때문에 하나님이 나를 살리려는 모든 시도에 대해서 나를 죽이고 억누르는 것이라 여기며 고난에서 벗어나려고 몸부림을 친다.

'그리스도인에게 고난은 카시트와 같은 것은 아닐까?' 하는 생각이 들었다.

고난은 하나님이 우리를 부르신 곳으로 안전하게 이동하도록 보호해 주는 안전장치다. 고난은 내가 믿음 안에서 건강하게 성장하도록 내 삶에 개입하시는 하나님의 일하심이다. 어떻든 간에 우린 목적지에 도착할 것이다. 언젠간 성인

이 될 것이다. 화두는 건강하게 갈 것이냐, 아니면 파리하고 버석하게 말라서 갈 것이냐다. 찬양하며 갈 것인가, 저주하며 갈 것인가. 기도하며 갈 것인가, 원망하며 갈 것인가.

고난의 여정 중에 있다면, 인도하시는 목적지에 언젠가 도착할 것을 기대하며 창 밖 풍경을 바라보자. 때에 맞게 주시는 간식 잘 먹고, 휴게소 들르면 화장실 잘 가고, 갈 길도 먼데 장난감 사달라고 떼쓰지 말고, 끼니 챙겨 주시면 투덜대지 말고 양껏 먹고, 도착하면 언제 또 이동할지 모르니 신나게 놀자. 내가 아이에게 바라듯 하나님도 고난 중에 있는 내게 바라고 계신다.

하나님은 우리가 생기 있게 살아서 신선한 하나님의 숨결을 머금고 도착하길 원하신다. 도착한 곳에서 우리가 하나님의 생기를 뿜어내길 원하신다. 믿음 안에서 장성한 사람이 되어 마음이 새롭고 변화를 받은 세대로 세워지길 원하신다.

나는 사랑이 없는 사람이었다. 그러나 하나님은 처음부터
사랑이 있는 사람으로 나를 부르셨다. 상처 많은 나를 두 아이의
아빠로 부르셔서 하늘 아버지의 아들로 살아가는 법을 가르치셨다.

5.

나의 부르심은
사랑받는 것이다

"엄마, 이거 사주세요. 갖고 싶어요."

"그럼 엄마가 생일 선물로 사줄게."

"네, 약속해요."

"그래, 약속."

아이들은 우리와 약속하는 것을 좋아한다. 기어 다니기 시작할 즈음부터 손가락을 걸고 약속하는 것을 배웠다. 그리스도의 편지인 나와 아내는 아이들과 맺은 약속만큼은 가능하면 지키려고 노력했다. 우리를 통해서 미쁘시고 신실하신 하나님의 성품이 아이들에게 느껴지길 소망했다.

아이들은 약속을 기가 막히게 기억한다. 부모가 잊어버렸던 약속까지 끄집어낸다. 특별히 암기력이 좋은 건 아닌데 약속에 대한 기억력만큼은 탁월하다. 불리한 건 잊고 자기들에게 좋은 건 기억한다. 궁금해하는 내게 아내가 답을 주었다.

"그래야 사니까요."

나는 이해하지 못하고 되물었다.

"네?"

아내는 다시 대답했다.

"아이는 부모와의 약속을 붙잡아야 사니까요. 어린아이와 같은 우리가 하나님 아버지와 맺은 약속을 붙잡아야만 살 수 있다는 것을 아이들을 통해 가르쳐 주시는 것 같아요."

그렇다. 우리는 하나님과 맺은 약속을 붙잡아야 불확실한 오늘을 살 수 있다. 약속에는 예언적인 힘이 있다. 앞으로 걷게 될 여정의 결말이 약속을 통해 드러난다.

예를 들어 내가 아이들에게 "아빠가 내일 키즈 카페 데려가 줄게"라고 약속한다면, 다음날 아이들은 아빠인 내 능력이 허락하는 한, 내가 살아있는 한 반드시 나와 함께 키즈 카

폐를 간다. 오늘 나와 맺은 약속을 통해 아이들은 내일 마주할 일을 미리 알게 된다.

오늘을 살아가는 나는 곤고하고 흔들리지만, 그럼에도 계속 걸어갈 수 있는 이유는 이 길의 끝에 생명이 있음을 주님께서 약속하셨기 때문이다. 오늘 하나님이 나와 맺은 약속을 통해 나는 내일의 승리를 보장받는다. 그는 전능하시고 항상 살아계신 내 아버지다.

창세기에서 하나님은 아브람을 부르시며 약속하신다.

"여호와께서 아브람에게 이르시되 너는 너의 고향과 친척과 아버지의 집을 떠나 내가 네게 보여 줄 땅으로 가라 내가 너로 큰 민족을 이루고 네게 복을 주어 네 이름을 창대하게 하리니 너는 복이 될지라 너를 축복하는 자에게는 내가 복을 내리고 너를 저주하는 자에게는 내가 저주하리니 땅의 모든 족속이 너로 말미암아 복을 얻을 것이라 하신지라"(창 12:1-3).

자신의 민족과 땅, 즉 고향과 친척과 아버지의 집을 떠나는 아브라함에게 하나님은 땅을 주시고 민족을 이루시겠다고 약속하신다. 우상을 만들어 팔던 아브라함의 저주받은 인생을 뒤집어 복의 통로로 삼으시고, 근본 없는 그의 인생에 찾아오셔서 반석이 되어 주시겠다고 약속하신다.

하나님은 처음부터 약속을 통해 아브라함의 결말을 보여 주셨다. 그럼에도 불구하고 우리는 하나님의 약속을 좀처럼 신뢰하지 못한다. 내 상황과 모순되기 때문이다. 아무리 나를 좋게 봐도 나는 하나님이 보여 주신 결말에 어울리는 사람이 아니다. 나는 하나님과 맺은 약속을 지킬 힘이 없다. 온전한 결말에 도달할 능력이 내겐 없다. 하나님이 아무리 전능하셔도 나는 안될 것 같은 사람이다.

오래전 나는 인격적인 사람, 사랑이 많은 사람을 보면 열등감을 느꼈다. 내 고등학교 1학년 생활기록부에는, "위 학생은 인격 수양이 필요함"이라고 기록되어 있다. 깨어진 가정에서 자란 나는 상처가 많았다. 부모님은 좋으신 분들이지만 여러 가지 좋지 않은 상황이 쌓이고 고여 결국 갈라서게 되셨다. 부모님이 이혼하시고 동생과 나를 돌봐줄 사람이 없었기에 몇 년 간 둘이 살며 학교를 다녔다. 동생은 매일 새벽에 일어나 우리의 도시락을 준비했다. 그게 내가 기억하는 동생의 중학생 시절이다. 중학교를 다니면서 등록금이 필요했는데, 부모님께 말씀 드리기가 죄송했다. 부모님께 도와달라는 말을 꺼낼 용기가 없었다. 마침 스스로 해결할 수 있는 기회가 찾아왔다. 담임선생님이 종례 시간에 집안 형편이 어려운 학생에게 등록금을 면제해 주겠다고 말씀하셨다.

"모두 눈 감아. 이 중에서 가정 형편이 어려워서 등록금 지원이 필요한 학생은 조용히 손들어. 다들 눈감아."

나는 덤덤히 손을 들었다. 누구라도 좋으니 도움이 필요했다.

"손 내려. 방금 손든 친구는 나 따라서 교무실로 와."

선생님은 교실 문을 나섰다. 그리고 나도 선생님을 따라 교실 문을 나섰다. 뒤에서 친구들이 수군대는 소리가 들렸다. 몇몇은 교무실까지 따라와서 나와 선생님의 대화를 엿들었다. 나의 가정사와 어려운 형편이 노출되었다. 그 뒤로 친구들은 나를 멀리하기 시작했다.

어느덧 나는 혼자 밥 먹는 게 익숙한 소년이 되었고, 문제가 생겨도 도와달라고 말하지 못하고, 누군가의 도움을 받는 것도 힘들어하는 청년이 되어 있었다. 살아보고자 발버둥 쳤던 모든 순간은 상처가 되어 내 가슴에 가라앉아 있었다. 나는 살아 있었으나 죽어 있었다. 예수님을 믿어도 나는 크게 달라진 것이 없었다. 하나님께 도와달라는 기도를 못했다. 나를 위해 기도하면 죄책감을 느꼈다. 내가 나를 축복한다는 건 상상조차 못할 일이었다. 남들은 사랑받기 위해 태어난 사람들이지만, 나는 아니라고 생각했다. 나는 군사처럼 하나님 나라를 위해 싸우는 사람으로 부르심 받았다 믿고, 열정적으로 사역에 몰두했다.

하나님은 나를 사랑이 많은 사람으로 삼겠다고 하셨지만 내 안 어디에도 사랑은 없었다. 신학교를 다닐 때 내가 사랑하고 신뢰하던 어떤 사람이 말했다.

"누가 내게 그러더라. 너 하나만 보면 괜찮지만, 네가 보고 자라온 것이 있기 때문에 너도 결국 가정을 깨뜨리는 사람이 될 거라고…"

죽을 만큼 아팠다. 듣고 보니 나는 저주의 통로였다. 평생 누군가를 진심으로 사랑할 자신이 없었다. 불행이 나의 결말이었다. 하나님이 미웠다. 하늘을 보고 소리쳤다.

"하나님! 출발선이 다르잖아요. 처음부터 사랑이 많은 가정에서 태어나 인격적인 부모 곁에서 자라게 하셨어야죠. 없어요. 없다고요. 제겐 사랑도 없고, 인격도 없다고요. 없는 걸 어쩌라고요. 왜 자꾸 없는 걸 요구하세요. 사랑의 사람? 처음부터 부르신 적도 없는데 저 혼자 착각했겠죠! 저 같은 사람을 부르실 리가 없죠. 그냥 잘 쓰시다가 때 되면 버리시겠죠. 그냥 여기서 죽여 주세요. 내 손으로 죽기 전에 당신이 내 생명을 거둬 가십시오!"

울고 또 울었다. 내가 싫어 스스로 뺨을 때렸다. 죽을 용기가 없었지만 죽고 싶었다. 그때 하나님이 말씀하셨다.

"그 사랑을 지금부터 내게 받으렴. 내가 사랑을 부어줄 테니 누리고 흘려보내렴. 나는 없는 것을 있게 하는 너의 하나님이다."

그날 하나님은 사랑이 없는 내게 찾아오셔서 아버지의 한없는 사랑을 머리부터 발끝까지 부어 주셨다. 오늘 이 순간에도 주님은 내게 사랑을 부어주신다. 그 사랑이 내 아이들에게 흘러가고 있다. 주님은 사랑을 주시기 위해 나를 부르셨다. 나의 부르심은 하늘 아버지께 사랑받는 것이다. 하나님의 사랑을 받기 시작하면, 내 존재가 사역이 된다. 존재만으로 하나님의 살아계심이 공동체에 드러난다. 하나님은 사랑이시기 때문이다.

약속에는 없는 것을 있는 것으로 부르시는 하나님의 전능하심이 나타난다.

"기록된 바 내가 너를 많은 민족의 조상으로 세웠다 하심과 같으니 그가 믿은 바 하나님은 죽은 자를 살리시며 없는 것을 있는 것으로 부르시는 이시니라"(롬 4:17).

나는 사랑이 없는 사람이었다. 그러나 내게 약속하신 하나님은 처음부터 사랑이 있는 사람으로 나를 부르셨다. 나는 시작부터 사랑받고 있었다. 그 앞에서 아름다운 천군 천사가 노래하고, 그 앞에 광활한 우주가 당신의 크심을 선포하고, 모든 생명이 그 앞에서 창조주의 전능하심을 높이지만, 그는 모든 것을 뒤로 하고 내 앞에 오셨다. 깨어진 내 노래를 찬양으로 흠향하시고, 작은 나를 크신 사랑으로 덮어 주시고, 생명이 없던 내게 생명이 있게 하셨다. 상처 많은 나를 두 아이의 아빠로 부르셔서 하늘 아버지의 아들로 살아가는 법을 가르치셨다. 나는 하나님을 믿는다. 이미 죽어 있었던 나를 살리신 하나님이 내 안에 없던 사랑을 있게 하셨다고 믿는다.

하나님은 먼저 상을 주시고 약속의 내용을 펼치신다. 내가 하나님의
약속에 어울리지 않는 사람처럼 보일지라도, 나는 하나님이
꿈꾸던 사람이 될 것이다.

6.

그가 이루시고,
내가 누린다

이스라엘의 뜻을 아는가? "하나님과 및 사람들과 겨루어 이겼음"(창 32:28)이다.

나는 처음에 이스라엘의 의미가 잘못 번역되었다고 생각했다. 사람이 무엇이기에 하나님을 이길 수 있단 말인가? 말도 안 되는 신성모독이라 생각했다. 그러나 아이들을 양육하며 이스라엘의 의미가 오역이 아님을 깨닫게 되었다.

나는 아이들을 이길 수 없다. 내가 그들보다 압도적으로 강하지만 나는 아이들을 이길 수 없다. 내가 그들보다 지혜롭지만 그들 앞에서 나는 미련해진다. 사랑하기 때문이다. 사랑하면 이길 수 없다.

하나님은 우리를 사랑하시되, 그 사랑이 주는 기쁨을 이기지 못하실 만큼 사랑하신다. 하늘의 모든 영광을 뒤로하고 초라한 우리와 함께하시는 임마누엘이 되셨다. 전능하신 주께서 우리와 함께하시는데 누가 우리를 이길 수 있겠는가? 그래서 우리는 하나님과 및 사람들과 겨루어 이긴 자들이다. 세상이 감당 못할 사람들이다. 사랑받고 있기 때문이다.

"너의 하나님 여호와가 너의 가운데에 계시니 그는 구원을 베푸실 전능자이시라 그가 너로 말미암아 기쁨을 이기지 못하시며 너를 잠잠히 사랑하시며 너로 말미암아 즐거이 부르며 기뻐하시리라 하리라"(습 3:17).

"밥 다 먹으면 사탕 하나 줄게. 약속."
부끄럽지만 나는 가끔 이런 약속을 한다.
아이가 내 약속을 믿고 가만히 앉아서 성실히 밥을 먹을 것 같은가? 아니다. 돌아다니며 밥알을 흘린다. 구강 근육을 기가 막히게 사용해서 숟가락 위에 놓인 반찬만 먹고 밥은 건들지 않는다. 아이들은 나와 약속했지만 약속을 지키기 위해 노력하지 않는다. 보상만 원할 뿐 희생하지 않는다. 그럼에도 나는 끊임없이 약속을 상기시키고, 훈육하고, 칭찬하고, 희생한다. 마침내 밥을 다 먹은 아이는 당당하게 보상을 요구한다. 아이는 내게서 칭찬과 보상을 받아 누린다. 내가 약속했기 때문이다. 내가 다 했는데 자기가 누린다. 하나님과 우리의 관계도 이와 같다.

"그가 약속하셨고, 그가 희생하시고, 그가 이루시고, 내가 누린다."

아브라함은 믿음의 조상이다. 그는 성경에서 하나님의 약속을 가장 많이 경험한 사람이었다. 하나님이 아브라함에게 '언약'이라는 단어를 직접적으로 사용하신 횟수가 11번이고, 미래를 기대하게 만드는 말씀도 수없이 베풀어 주셨다. 그럼에도 불구하고 그는 흔들렸다. 그에겐 약속을 붙잡을 믿음이 없었다. 창세기 15장에서 하나님은 두려움에 떨고 있는 아브라함에게 약속에 대한 확신을 주신다.

"해가 져서 어두울 때에 연기 나는 화로가 보이며 타는 횃불이 쪼갠 고기 사이로 지나더라"(창 15:17).

여기서 횃불은 하나님을 의미한다. 주께서 아브라함이 쪼개어 놓은 고기 사이를 지나가신다.

이러한 행위는 아브라함이 살던 지역의 왕들이 땅을 두고 계약할 때의 의식과 유사하다. 계약을 맺는 당사자가 쪼갠 제물 사이를 지나간다. 여기엔 만약 내가 약속을 지키지 않는다면 나를 이렇게 쪼개어 죽여도 된다는 엄중한 약속이 포함되어 있다. 주님은 여기서 처음으로 '쪼개다'(כרת, to cut off, make a covenant)라는 의미를 지닌 동사를 사용하여 아브라함과 언약을 맺으셨다.

"그날에 여호와께서 아브람과 더불어 언약을 세워(כרת) 이르시되 내가 이 땅을 애굽 강에서부터 그 큰 강 유브라데까지 네 자손에게 주노니"(창 15:18).

주목할 것은 쪼개진 제물 사이로 아브라함은 지나가지 않았다는 사실이다. 하나님 혼자서 그 길을 걸어가셨다. 하나님은 만약 아브라함이 언약을 깨뜨린다면, 장차 그가 치러야 할 희생의 몫까지도 자신이 담당하시겠다고 약속하셨다. 아브라함의 입장에서는 "No risk, high return"의 약속이었다.

일전에 하나님이 노아와 언약을 맺으실 때는 '세우다'(םוק, rise, establish)라는 단어를 사용하여 언약을 나타내셨다(창 6:18; 9:9-10). '쿰'(םוק)이라는 단어를 통해 언약을 맺는 하나님은, 노아의 입장에서 보면 높고 엄위하신 분임을 짐작할 수 있다. 하나님은 높은 보좌에 근엄하게 앉아서 노아와 언약을 맺으신다. 여기서 하나님은 심판의 주체이시다. 하나님은 갑이고 노아는 을이다.

그러나 아브라함과 맺은 언약에서 하나님은 높은 보좌에서 내려오신다. 아브라함보다 더 낮아지신다. 그는 심판의 대상이 되신다. 쪼개진 제물 사이를 지나가시는 하나님의 마음이 아브라함에게 전해졌을까?

"네가 자손을 얻지 못하면 내가 쪼개질 거야."

"내가 네게 주겠다고 약속한 땅을 얻지 못하면 내가 이렇게 쪼개질 거야."

"만약! 네가 오늘 나와 맺은 언약을 포기해도 나는 이렇게 쪼개질 거야."

"아브라함아, 모든 상급은 네가 누려라. 희생은 나의 몫이다. 나는 반드시 너를 믿음의 조상, 축복의 통로로 삼을 것이다."

태초부터 계신 하나님이 자신의 영원한 생명을 담보로 오늘을 버티지 못하고 흔들리는 아브라함과 언약을 세우신다. 죽음처럼 강한 약속이다.

이런 지독한 약속을 받고도 곧바로 창세기 16장에서 아브라함은 하갈을 통해 이스마엘을 낳는다. 하나님이 이걸 수습하신다. 창세기 17장에서 하나님은 다시 그에게 나타나셔서 당신의 전능함을 아브라함에게 말씀하신다.

"아브람이 구십구 세 때에 여호와께서 아브람에게 나타나서 그에게 이르시되 나는 전능한 하나님이라 너는 내 앞에서 행하여 완전하라"(창17:1).

그러나 아브라함은 하나님을 향해 다소 냉소적인 태도를 보인다.

"아브라함이 이에 하나님께 아뢰되 이스마엘이나 하나님 앞에 살기를 원하나이다"(창 17:18).

20장에서 아브라함은 약속의 통로로 부르심 받은 아내 사라를 다른 남자에게 넘겨버린다. 그럼에도 불구하고 하나님은 아브라함을 포기하지 않으신다. 무시를 당해도 사랑하시고, 비웃음을 당해도 사랑하시고, 모욕을 당해도 사랑하신다. 아브라함의 믿음이 엉망일지라도, 주님의 마음이 쪼개지다 못해 갈기갈기 찢어져도 아브라함과 맺은 약속을 지켜가신다. 그리고 마침내 아브라함은 하나님의 미쁘심을 경험하고 믿음의 조상이 되었다.

나의 믿음 없음은 당연한 사실이다. 그리고 나를 찾아오신 하나님은 약속을 이루어 가시며 내게 없는 믿음을 있게 하실 것이다. 흔들리는 내게 확신을 주기 위해서라면 주님은 몇 번이고 쪼개진 제물 사이를 지나가실 것이다. 몇 번이고 내 앞에 오서서 말씀하실 것이다.

내게 믿음을 주시는 그는 미쁘시다.

첫째는 귀 파는 걸 병적으로 싫어한다. 열이 나는 아이에게 중이염 증상이 있는지 살펴봐야 했던 의사 선생님은 귀지를 파내야 아이의 귀 내부를 볼 수 있을 것 같다며 이해를 구했다.

"의사 선생님이 너 귀지 파낼 수 있게 잘 참으면 집에 가서 비타민 사탕 줄게."

황당한 약속이지만 필요했다. 아이는 꾹 참고 귀를 갖다 댄다. 울면서 참는다. 대견했다.

진료를 마치고 나온 아이는 병원 놀이방에서 놀고 싶어 했다. 얼른 첫째를 집에 데려다 주고, 다음 일정을 진행해야 했던 나는 마음이 급했다. 아이는 놀이방 앞에 서서 미동도 않는다. 나는 말한다.

"너 이러면 사탕 안 줄 거야!"

아이는 놀고 싶은 마음을 접고 나를 따라나선다. 집에 가는 차 안에선 카시트에 앉기 싫다며 고집을 피운다.

"됐어. 너 사탕 없어!"

아이는 울며 카시트에 앉는다. 하루 종일 사탕 하나를 가지고 모든 것을 해결할 기세로 득의양양하게 운전대를 잡고 가는데, 하나님이 나를 책망하셨다. 약속을 악용하지 말라는 마음을 주셨다.

아이는 이미 약속을 지켰다. 보상을 받을 자격이 있다. 나는 계속해서 약속의 조건을 바꾸며 아이를 다스리려 했다. 약속을 성취의 기쁨으로 누리는 것이 아니라 통제의 수단으로 악용하고 있었다. 아이는 약속을 통해 신실함을 경험하는 것이 아니라, 부모를 향한 불신을 학습하고 있었다. 자신은 이제 사탕을 먹을 자격이 있고, 무시무시한 핀셋이 자기 귀를 헤집는 걸 꾹 참고 견딘 대단한 사람이라는 자존감을 누리기도 전에, "너는 아직도 한참 멀었어! 고작 그거 하나 가지고 사탕을 얻어먹을 수 있을 줄 알았어?"라는 느낌을 받으며, 자신은 부모의 기준에 함량 미달이라는 상처를 받고 있었다.

나는 참으로 야곱의 삼촌 '라반' 같은 사람이었다.

"내가 외삼촌의 집에 있는 이 이 십년 동안 외삼촌의 두 딸을 위하여 십사 년, 외삼촌의 양 떼를 위하여 육 년을 외삼촌에게 봉사하였거니와 외삼촌께서 내 품삯을 열 번이나 바꾸셨으며"(창 31:41).

나는 회개했다. 그리고 즉시 아이에게 사과했다. 그날 이후론 아이가 이미 지켜낸 약속에 대해 조건을 추가하지 않았다. 고집을 피워도, 사고를 쳐도 아이가 지킨 약속에 대해서는 보상을 해주었다. 왜냐하면 약속했기 때문이다.

성경은 아브라함을 의롭다 말한다.

"아브라함이 하나님을 믿으매 그것이 그에게 의로 여겨진 바 되었느니라"(롬 4:3).

그는 믿음이 없었지만 하나님은 성경을 통해 그를 믿음의 조상이라 말씀하신다. 왜냐하면 믿음 그 자체이신 하나님이 아브라함과 동행하시며 지극히 큰 상급, 즉 아브라함의 것이 되어 주기로 약속하셨기 때문이다. 아브라함은 의롭지 않았다. 그는 불의한 사람이었다. 그는 가는 곳마다 문제를 일으켰다. 자신의 아내를 다른 남자에게 넘겨줄 만큼 도덕적인 면에서 무딘 사람이었다. 아브라함이 살았던 시절의 문화가 그리했다고 말한들 변명이 되지 않는다. 아브라함 정도면 하나님이 그의 행동을 기뻐하지 않는다는 것을 알고도 남았을 것이다. 믿는 자의 도덕은 세상의 기준을 따르지 않고 하나님의 기뻐하심을 좇기 때문이다. 그럼에도 불구하고 하나님은 그를 의롭다 말씀하셨다. 그리고 마침내 그는 하나님의 의로움을 드러내는 삶을 살게 되었다. 하나님의 크신 사랑이 아브라함의 허다한 죄를 덮었다.

"…사랑은 허다한 죄를 덮느니라"(벧전 4:8).

아브라함의 소유가 되어 주신 주님의 믿음이 그의 믿음이 되었고, 끝내 아브라함은 믿음의 조상이 되었다. 자신을 상급으로 주셔서 아브라함에게 없는 믿음을 있게 하셨다.

"아브람아 두려워하지 말라 나는 네 방패요 너의 지극히 큰 상급이니라"(창 15:1).

아브라함은 언약의 시작부터 상을 받아 누렸다. 은혜다. 하나님은 먼저 상을 주시고 약속의 내용을 펼치신다. 내가 하나님의 약속에 어울리지 않는 사람처럼 보일지라도, 나는 하나님이 꿈꾸던 사람이 될 것이다. 이미 믿음의 시작과 완성이시며 본질이신 그리스도께서 지극히 큰 상급으로 내 안에 오셔서 일하고 계신다.

나는 예수님을 영접한 순간부터 약속의 보상되신 주님을 선물로 받아 누리고 있다. 파격적이다. 예수님이 내게 오셔서 나의 믿음이 되어 주시고, 나의 평안이 되어 주시고, 나의 결말이 되어 주셨다. 왕이 종의 방패가 되고, 아비가 자녀의 상급이 되었다. 사랑하기 때문이다. 사랑이 아니고선 설명할 길이 없다. 사랑하는 나를 위해 십자가에서 무능해지실 만큼 그의 사랑은 전능하다. 하나님의 약속되신 예수 그리스도는 나의 상급이 되어 주시기 위해 모든 것을 희생하셨다. 그는 쪼개지셨다. 복을 주시기 위해 저주를 받으셨다. 자녀 삼기 위해 버려짐을 당하셨다.

여전히 나는 연약하지만 그분이 강한 팔로 나를 붙들고 계신다. 나는 약속을 지킬 힘이 없지만 나와 약속하신 하나님은 신실하시다. 오늘도 그가 이루시고, 내가 누린다.

내가 자유롭게 나의 이야기를 그려가도록 전능한 하나님께서 힘을
빼시고 나와 동행해 주신다. 완벽하신 주께서 나의 미숙함을
견디신다. 하나님이 아름답다 말씀하시니 내 인생이 아름다워진다.

7.

부모가 자식에게 해줄 것은
기다림밖에 없다

육아에 있어서 나는 참을성이 없는 사람이다. 호기심이 많은 아이들은 천천히 걸으며 묻고 탐색하고 싶어한다. 나는 빨리 집에 가고 싶어서 손을 잡아끌며 아이들을 재촉한다. 아내는 아이들의 질문에 하나하나 반응하며 함께 탐구한다. 박물관이나 동물원을 가도 비슷하다. 나는 아이들과 함께 동물원에 왔다는 사실에 의의를 둔다. 나와 함께 공룡 박물관을 다녀온 아이들은 그날 밤 박물관에 다녀왔다는 사실만 기억했다.

"아빠랑 같이 공룡 박물관에 갔어. 참 좋았어." 그게 끝이었다. 나도 아이 둘을 데리고 혼자 다녀왔다는 사실에 의의를 두며 만족해했다. 아내는 아이들과 함께 동물들의 특징을 관찰한다. 아이들이 궁금해하면 일단 멈추고 함께 공부한다. 본전을 뽑는다. 아내와 함께 동물원에 다녀온 날이면 아이들은 동물원에서 인상 깊게 본 동물의 이름과 특징을 기억하며 묘사했다. 나는 그런 아내가 신기해서 물었다.

"당신은 힘들지 않아요? 어떻게 그렇게 일일이 설명해 주면서 천천히 걸어가요? 어차피 아이들은 기억 못할 텐데…"

나는 말끝을 흐렸다. 돌아오니 오늘 아이들은 꽤 많은 내용들을 기억하고 있었다. 내 선입견이었다. 아내는 대답했다.

"힘들죠. 덥고, 다리도 아프고, 피곤하고…. 그런데 참고 가르쳐 주고 싶었어요. 좋아하잖아요. 뭐라도 남지 않을까요?"

아내는 아이들을 기다려 주었다.

무더운 여름을 아랑곳 않고 아이는 놀이터를 누빈다. 나는 그늘 하나 없는 놀이터가 야속했다. 아이가 술래잡기를 하자며 내게 올 땐 뛰기도 전에 호흡이 가빠졌다. 축구할 때는 두 시간을 뛰어도 기력이 남는데, 술래잡기는 십 분만 해도 무릎이 아프다. 결국 나는 한 시간을 넘기지 못 했다.

"자, 이제 가자."

나는 두말 않고 아이를 업고 집으로 향했다. 아이는 떼를 쓰고 울며 나를 꼬집었다. 나는 아이가 버릇이 없다고 생각해서 집에 가는 길에 혼을 냈다. 갓 세 살 된 아이에게 겁도 주었다.

"너 지금 집에 안 가면 큰 개가 와서 물어갈 거야. 그러니어서 집에 가야 해."

아이는 나를 이기지 못하고 집에 끌려 들어왔다. 이런 식의 훈육이 한동안 계속되었다. 갈등을 해결할 가장 빠른 방법은 내 힘으로 아이들을 강제하는 것이었고, 두려움을 자극하여 내 말을 따르게 하는 것이었다.

언제나처럼 아이들을 강제로 끌고 가는데 성령께서 주시는 마음이 있었다. 내 말로 정리해 보자면 이와 같다.

"아이들이 자라 타인과의 관계에서 갈등이 있을 때, 아이들은 오늘 네가 보여 준 방법을 문제 해결의 수단으로 선택할 것이다."

즉, 친구들과 의견이 다르거나 충돌이 있을 때면 아이들은 내가 했듯이 겁을 주어 친구를 움직이려 할 것이다. 훗날 배우자나 자녀와의 관계에서 갈등이 있을 때 상대방이 자신의 감정을 이해하고 처리할 때까지 기다리지 못하고 자신의 지위나 힘을 사용하여 성급하게 문제를 해결하려 들 것이다.

아이를 가만히 보니 나를 향한 분노가 마음에 쌓여 있었다. 나는 아이가 나를 때릴 때면 버릇이 없고 폭력적이라 생각했는데 아니었다. 나를 때리는 건 아이가 자신을 방어하는 최후의 보루였다. 기다려 주지 않고, 들어주지도 않는 아빠에게 자신의 감정을 표현할 수 있는 유일한 수단이었다. 내가 자신을 힘으로 누르듯 본인도 힘을 사용하여 나와의 갈등을 해결하려 했다. 나처럼 극단적인 말과 행동으로 부모를 통제하려 들었다.

나는 아이가 자신의 감정을 이해하고 올바르게 표현할 기회를 주지 않았다. 놀이터에서 더 놀고 싶은 마음은 무엇인지, 얼마나 놀아야 만족할 수 있는지, 집에 갈 때면 왜 아쉬운 마음이 드는지, 왜 집에 가야 하는지 생각할 시간을 주지 않고 내 힘으로 아이들을 끌고 가버렸다.

아이들이 걱정스러웠다. 내가 아이들의 쓴 뿌리가 되어버린 것만 같아 괴로웠다. 아내에게 도움을 요청했다.

"여보, 어떻게 하죠? 너무 늦은 것 같아요. 나 때문에 다 망친 것 같아요."

아내는 차분하게 대답했다.

"아녜요, 여보. 늦지 않았어요. 지금부터 아이를 기다려 줘요. 자기가 먼저 아이의 행동을 결정하지 말고 아이의 말을 먼저 들어보세요. 하나님도 우리 얘기를 다 들어주시잖아요. 아이의 행동을 갑자기 중단시키거나, 아이가 보고 있는 TV를 일방적으로 끄는 행동은 참아 주세요. 더 놀고 싶다고 말하면 시간을 정해 주고 기다리세요. 약속을 가르쳐 주세요. 무섭게 하지 않아도 당신은 충분히 아이들에게 권위가 있는 아빠예요. 만약 기다리기 너무 힘들면 먼저 집에 가 계셔요. 집에 가서 아이들이 마실 물이랑 간식을 준비해 놓고 쉬면서 기다려 주세요. 당신 피곤한 거 모두가 알아요. 자기는 좋은 아빠예요. 아이들도 그렇게 생각해요. 너무 자책 마요. 내가 좀 더 분발할게요."

아내가 고마웠다. 그날 밤 하나님은 내게 이런 마음을 주셨다.

"나도 너를 기다렸다."

나를 오래 참으신 아버지의 사랑이 깊이 느껴졌다.

하나님 아버지는 나를 오래도록 기다려 주셨다. 압도적인 힘으로 내 마음문을 부수고 들어와 자신을 영접하라 명령하시지 않고, 오래도록 문밖에 서서 내가 문을 열어 드릴 때까지 기다리셨다. 십자가 위에서 내가 돌이키길 바라며 오래 참으셨다. 나는 하나님의 한량없는 인내를 경험했음에도, 아버지께서 보여 주신 기다림의 은혜가 나를 통해 아이들의 삶에 흘러가는 것을 가로막고 있었다.

돌아보니 하나님 아버지는 나를 이렇게 대하지 않으셨다. 그분은 겁을 주어 나를 다스리지 않는다. 죄인이라 부르시는 것보다 아들이라 부르시는 것을 즐거워하신다. 당장 나를 쳐서 복종시키실 수 있지만 내가 스스로 순종하도록 참고 기다리신다. 태초부터 넘쳐나는 사랑으로 나를 기다리셨다. 내 생각을 이해해 주셨고, 내 마음을 살펴 주셨다. 전능하신 그분이 나와 동행하기 위해서 자신을 낮추셨고, 나와 함께 일하시기 위해 힘을 빼셨다.

어린아이의 손을 잡고 함께 그림을 그리다 보면 색연필을 손에 쥔 아이의 힘과 나의 힘이 충돌할 때가 있다. 나는 멋진 공룡을 그리고 싶은데 아이는 손에 힘을 꽉 주고 여기저기 끄적이는 것을 즐긴다. 그럼 나는 손에서 힘을 뺀다. 그리고 아이가 그리고 싶은 것을 즐겁게 그리도록 아이의 손을 따라 잡고 함께한다. 아이를 힘으로 누르고 당장 그림을 완성하고 싶은 마음을 참는다. 내 완벽함을 포기한다. 아이는 무의미한 선과 도형을 한참 그린 뒤 내게 말한다.

"아빠 공룡이야."

"아빠 흰동가리야."

"아빠 코끼리야."

내가 뭐라고 대답할 것 같은가?

"응, 아니야. 이건 그냥 아무 의미 없는 낙서야. 네가 아빠가 그리는 방향으로 손에 힘을 빼고 따라오지 않았기 때문에 이런 형편없는 그림을 그린 거야. 이건 공룡도 뭣도 아니야." 이렇게 말할 것 같은가? 아니다. 나는 감탄한다. 그리고 인정한다. 아빠인 내가 무의미한 낙서에 생명을 부여한다. 낙서가 그림이 되게 하고, 그곳에 아이가 누릴 수 있는 이야기를 불어넣는다.

"우와! 이건, 어디 보자. 티라노를 그렸구나? 앞다리가 짧네~ 티라노의 특징을 잘 알고 있구나? 코끼리 상아가 한쪽 없는 걸 보니 밀렵꾼에게 당했나 보다. 흰동가리가 말미잘 사이에 숨어 있네? 상어가 못 잡아먹겠다."

아이는 행복해하며 다음 이야기를 이어간다.

"아빠, 밀렵꾼이 코끼리한테 마취 총을 쏴서 상아를 하나 가져간 거예요. 흰동가리가 다른 친구들도 숨겨 줄 거예요. 여기 이건 블루탱이에요."

만약 내가 아이의 손을 힘껏 쥐고 전심전력으로 그림을 그린다면 어느 정도는 내가 바라는 완성도 높은 그림을 그릴 수 있을 것이다. 당장은 보기 좋다. 그러나 아이의 흔적은 자취를 감추고 내 것이 가득하게 될 것이다. 아이는 스스로 그림을 그리는 방법을 배우지 못할 것이다. 거기에는 나의 이야기만 있을 뿐 아이의 이야기는 없다. 아이 곁에서 나의 힘을 빼고, 아이 손을 잡고 기다린다. 어떤 모양이든 상관없다. 아이와 함께 무엇을 그려간다는 사실에 의미가 있다. 부모인 우리가 인정하고 이해하고 감탄하며, 거기에 생명력을 부여하기 때문에 낙서 같은 그림은 아이의 세계를 담은 걸작이 된다. 벽면 가득히 붙여 놓은 어설픈 그림들은 세계적인 명화보다 더 내 맘을 흡족케 한다.

내가 자유롭게 나의 이야기를 그려가도록 전능한 하나님께서 힘을 빼시고 나와 동행해 주신다. 완벽하신 주께서 나의 미숙함을 견디신다. 나의 자유를 제한하지 않으시기 위해 주님께서 자신의 자유를 제한하셨다. 어린아이와 같은 내게 주어진 자유의 결과는 아이들의 그림처럼 엉망인 경우가 많다. 잘 살아보려 했지만 뜻대로 되지 않을 때가 더 많다. 그럼에도 불구하고 하나님 아버지는 내 인생을 보며 감탄하신다. 잘 그린 그림이라고 칭찬하신다. 무의미했던 순간들, 상처받았다고 여긴 과거의 흔적들을 보며 생명력을 불어 넣으신다.
하나님이 아름답다 말씀하시니 내 인생이 아름다워진다.

아이가 새로운 것을 배울 때 부모의 지나친 개입은 아이의
성장을 방해한다.

양말을 거꾸로 신는 아이를 보며 나는 참는다. 당장 고쳐
주고 싶지만 아이가 혼자서 마무리할 때까지 기다린다. 좁은
현관에서 낑낑거리며 신발을 신는 아이를 지켜보는 건 참 답
답한 일이다. 빨리 나가야 하는데 마음이 급하다.

숟가락 사용이 어설픈 아이의 식탁 밑을 보면 엉망진창이
다. 외식이라도 하는 날엔 식사를 마치고 식탁 밑에 무릎을
꿇고 앉아 바닥을 청소하는 것이 나와 아내가 계산하기 전에
하는 일이다. 내가 나서면 모든 것이 해결된다. 내가 먹여 주
면 아이는 식탁 밑에 음식을 흘릴 일도 없고, 우린 비좁은 식
당에서 무릎을 꿇고 떨어진 밥알을 쓸어 담는 일을 하지 않
아도 된다. 그러나 아이는 아무것도 배울 수 없게 된다.

아이를 낳기 전, 부모는 아이에게 모든 것을 해주는 존재

라고 생각했다. 그러나 아이를 양육해 보니 부모가 해줄 수 있는 일은 자녀를 기다리는 것밖에 없다. 아이를 기다려 줘야 한다. 넘어질 기회를 줘야 하고, 상처받을 기회를 줘야 하고, 스스로 털고 일어날 기회를 줘야 한다. 컵에 담긴 물을 쏟아볼 기회도 주고, 좌절감을 느끼면서 자신의 마음을 다스릴 수 있는 기회도 주어야 한다. 이전에는 화내는 아이에게 "화내지 마! 울지 마! 소리 지르지 마!"라고 혼내다가 기다림에 대한 하나님의 마음을 알게 된 뒤로는 기다려 준다.

"왜 화가 난 거야? 소리 지르는 걸 조금 참고 아빠랑 이야기해 보면 어떨까? 아빠가 도와줄 수 있는 게 있을지도 몰라. 네 마음을 말해 줄 수 있을까?"

기다리며 대화를 시도한다. 아이가 자신의 삶을 그려가도록 곁에서 지켜보며 기다린다.

기다림은 나와 첫째의 관계를 개선하는 데 긍정적인 영향을 많이 끼쳤다.

첫째 아이는 밥을 먹다 화장실에 가는 습관이 있다. 식사 중에 아이를 데리고 화장실을 가는 건 우리에게 그다지 어려운 일이 아니다. 문제는 아이가 볼일을 마치고 손을 씻을 때 발생한다. 아이는 손만 씻고 싶어하지 않는다. 물을 가지고 장난치고 싶어한다. 아이가 제때 식탁으로 복귀하지 않으면, 우린 식은 밥, 불어버린 라면을 먹어야 했다. 싫었다. 그래서 아이의 손을 내가 강제로 씻기고 식탁으로 끌고 오는 경우가 많았다. 그날도 동일한 문제로 나와 아이는 씨름했다. 문득 아내가 해준 말이 떠올랐다.

'오늘은 기다려 주자.'

그리고 물장난을 치는 아이 뒤에서 나는 말했다.

"예도야, 아빠가 너 기다릴게. 근데 아빠는 배가 고파. 빨리 가서 밥 먹고 싶어."

아이는 아랑곳 않고 물장난에 열중했다. 대꾸도 하지 않는다. 버릇이 없어 보였다. 훈육을 해야 하나 싶었다. 그런데 짧은 시간에 아이의 마음이 느껴졌다.

'어차피 아빠는 내가 말해도 귀 기울여 주지 않을 거야. 아빠가 나를 끌고 가기 전에 최선을 다해서 놀아야 해. 시간이 없어! 서둘러!'라고 말하는 것만 같았다. 그래서 기다렸다. 그리고 말을 이어갔다.

"물놀이 재미있어? 근데 아빠 다리 아픈데, 얼마나 더 기다리면 될까?"

첨벙 첨벙… 아이는 몇 번 장난감을 물에 넣었다, 뺐다를 반복하더니 드디어 내 품에 쏙 안겼다. 그러곤 말했다.

"아빠 이제 가요. 다 놀았어요. 장난감을 물에 넣어 보고 싶었어요."

내가 세면대 앞에서 아이를 기다린 시간은 3분 남짓이었다. 돌아보니 3분을 못 기다려서 매일 아이와 싸웠던 것이다. 그날은 나도 아이에게 화내지 않았고, 아이도 나를 때리지 않았다. 무엇보다 아이가 자신의 마음을 내게 설명해 주었다는 사실에 보람을 느꼈다. 부모가 기다리면 기다릴수록 아이는 자신을 이해하고 돌아보며 올바른 표현을 배워간다.

하루는 아이가 바다에 놀러가서 조개와 게를 잡고 싶다고 말했다. 우리는 짐을 꾸려서 바다에 갔다. 그러나 아이는 즐겁게 놀지 못했다. 샌들을 신고 간 아이는 갯벌이 발에 닿는 느낌을 힘들어했다. 아이는 안아 달라며 울기 시작했다. 갯벌 한가운데에서 아이는 요지부동이었다.

슬슬 화가 나기 시작했다. "너! 다음부턴 바다에 오자는 소리 꺼내지도 마!"라며 분노를 쏟아내기 직전 하나님이 내 입을 막으셨다. 아이를 책망하고 싶은 마음을 참았다. 곧바로 한 번도 경험한 적이 없는 지혜가 내게 임했다. 나는 아이의 눈을 맞추고 말했다.

"발이 간지러워서 걷기 힘들구나?"

"네."

"모래가 신발 안에 들어가서 그래. 우리 다음에 올 땐 꼭 장화를 신고 오자. 아빠가 장화를 준비할게."

"장화 신으면 안 간지러워요?"

"그럼. 다음엔 장화를 신어보자. 오늘은 걸어서 저기까지만 가볼까?"

아이는 울음을 멈추고 내 손을 잡고 끝까지 걸었다. 그리곤 내 품에 안겨서 말했다.

"아빠 너무 간지러웠어요. 힘들었어요. 다음엔 꼭 장화 신고 와요."

품에 안겨 우는 아이가 사랑스러워 견딜 수가 없었다. 아이가 내 기대에 미치지 못하거나 실망스러울 때면 입버릇처럼 했던 말들이 있었다.

"너 그럴 거면 앞으로 여기 오지 마!"

"네가 오자고 해서 왔잖아. 이게 뭐하는 짓이야?"

"하지 마! 짐싸! 집에 가자!"

얼마나 아팠을까? 얼마나 민망했을까? 미안한 마음이 몰려왔다. 아이에겐 모든 것이 처음이었다. 아이는 자신이 예상하지 못한 난관에 부딪히고 인내심이 무너질 때, 부모가 자신의 마음을 살펴주고, 자신이 실패했다고 느껴지는 지점에서 부모로부터 다시 한번 기회를 얻길 원했다.

부모는 아이가 마음껏 실수하고 넘어져도 괜찮은 아이의 세상이다. 부모를 통해 아이는 세상을 경험하고 연습한다. 나는 일흔 번씩 일곱 번이라도 아이에게 기회를 주기로 다짐했다.

나를 향한 하나님 아버지의 인내로 내가 인내를 배웠듯이, 자녀들도 나의 기다림을 통해 인내를 배울 것이다. 하나님이 나를 사랑하셨기에 오래 참으셨다. 오래 참음은 사랑의 열매다. 나는 살아가며 넘어지고, 상처받고, 실수가 많았지만, 내 아버지께서 내 곁에서 나를 고쳐 주시고, 문제를 해결해 주셨다. 나도 내 자녀들에게 하나님 아버지의 기다림을 흘려보낼 수 있는 부모가 되고 싶다. 오늘도 나를 기다리시는 하나님의 넘치는 사랑이 우릴 통해 다음 세대에게 흘러가기를 기대한다.

나를 기다리시는 하나님은 오늘도 사랑이 넘치신다.

CHAPTER 2

부모가 되어 자녀로 사는
법을 배우다

아버지, 제 인생의 몇 번째 파트를 조립하고 계시나요?
지금 어떤 모습이든, 하나님께서 완성해 가실 내 모습을 믿기에
오늘을 믿음으로 삽니다.

8.
온전한 그림과
깨어진 내 삶

아내가 아이들을 데리고 마트를 다녀왔다. 아내는 나무로 된 공룡 뼈들을 끼워 맞추는 화석 뼈 조립 교구를 3달러에 구매했다. 아내는 거저 샀다며 신나 했다. 공룡 그림을 보자 아이도 덩달아 흥이 올랐고, 모든 기대가 내게 쏟아졌다. 나는 못이기는 척 책을 덮고 공룡 뼈 조립을 시작했다.

표지 뒷면에 있는 설명서를 보고 공룡 뼈를 맞추기 시작하는데 아이는 자꾸 멋지게 완성된 모습이 있는 표지 앞면을 펼치며 "이거! 이거!"라고 떼를 쓴다. 아이는 어지럽게 펼쳐진 공룡 뼈들을 보며 실망을 감추지 못한다.

"아빠, 이건 공룡이 아니잖아요. 나무젓가락이야."

내가 다시 뒷면의 매뉴얼을 보려고 종이를 뒤집으면 아이
는 뒤집어진다.

"이거 싫어! 이거 아니야! 이거 공룡 아니야! 빨리 앞에!"

아이 입장에서 뒷면의 설명서는 흑백이고, 복잡하고, 부분
적이라 멋도 없고 이해 불가다. 이에 반해 앞면이 인쇄된 공
룡은 컬러인데다 멋진 포즈까지 하고 있어서 내가 봐도 멋졌
다. 아이에게 조각난 공룡 뼈들은 아무런 의미를 주지 못했
다. 더는 조립을 이어갈 수가 없어 작업을 잠시 멈추고 흥분
하여 우는 아이를 품고서 달랬다. 훌쩍이는 아이의 얼굴에서
내 모습이 보였다.

하나님은 지금 나를 뒷면의 조립 설명서 어딘가에 놓으시
고 세밀한 손길로 시간을 들여 차근차근 조립하고 계시는데,
나는 자꾸 완성된 그림을 펼치며 소리친다.

"왜 이 모습이 아니에요?"

"왜 내 모습은 이것밖에 안 되냐구요! 빨리 이렇게 만들어
줘요! 이 모습은 싫어요!"

나는 떼를 쓴다. 과정을 의심한다. 온전치 않은 내 모습에 자괴감을 느끼며 나를 조립하는 그분의 손을 꼬집고 물어뜯는다. 발을 동동 구르며 주님을 원망한다. 그러나 기억해야 한다. 나를 향한 주님의 생각은 재앙이 아니라 평안이라는 사실을. 지금 내 모습이 주님이 꿈꾸시는 내일에 어울리지 않는 것 같지만, 하나님은 내게 내일의 희망을 약속하셨다.

"여호와의 말씀이니라 너희를 향한 나의 생각을 내가 아나니 평안이요 재앙이 아니니라 너희에게 미래와 희망을 주는 것이니라"(렘 29:11).

내 생각을 사로잡아 주님께 복종시켰다. 내일을 꿈꾸는 것조차 힘겨워하는 나를 보며 최선의 길을 찾으시는 주님의 생각에 나를 맡겼다. 나는 믿는다. 나를 향한 주님의 생각은 보배롭다.

"하나님이여 주의 생각이 내게 어찌 그리 보배로우신지요 그 수가 어찌 그리 많은지요"(시 139:17).

오랜 설득 끝에 아이는 평안을 되찾았다. 나는 무채색에 복잡하고 단조로운 설명서를 한참 보며 아이와 함께 공룡을 완성시켰다. 완성된 공룡을 아이에게 쥐어주고 하나님 아버지를 묵상했다.

"아버지, 저는 지금 당신의 계획 어디쯤 있습니까? 제 인생의 몇 번째 파트를 조립하고 계시나요? 지금 어떤 모습이든, 하나님께서 완성해 가실 내 모습을 믿기에 오늘을 믿음으로 삽니다."

그리고 고개를 돌려 지긋하게 아내를 보며 말했다.

"여보, 다음부턴 이거 안 사오면 안 될까요?"

징징거리는 아이를 참아가며 공룡 뼈를 조립하는 것은 무척이나 힘겨운 일이었다. 하지만 아내는 그 뒤로도 세 마리 정도를 더 던져줬다. 아내의 큰 그림이 있었다.

공룡을 조립할 때마다 마른 뼈 같은 내 삶도 지금 하나님의 손에서 이 뼈, 저 뼈 맞춰지며 생기를 머금은 인생으로 세워지고 있다는 믿음이 생기기 시작했다. 오늘도 주님은 징징거리는 나를 품고 인내하며 내 삶을 새롭게 지어가고 계셨다.

채색옷을 입은 요셉은 생생하고 찬란한 꿈을 꾸었다. 자신의 곡식단은 굳게 서고 형들의 곡식단이 자신의 단을 둘러 절하는 꿈, 해와 달과 열한 별이 자신에게 절하는 꿈이었다.

"요셉이 그들에게 이르되 청하건대 내가 꾼 꿈을 들으시오 우리가 밭에서 곡식 단을 묶더니 내 단은 일어서고 당신들의 단은 내 단을 둘러서서 절하더이다 그의 형들이 그에게 이르되 네가 참으로 우리의 왕이 되겠느냐 참으로 우리를 다스리게 되겠느냐 하고 그의 꿈과 그의 말로 말미암아 그를 더욱 미워하더니 요셉이 다시 꿈을 꾸고 그의 형들에게 말하여 이르되 내가 또 꿈을 꾼즉 해와 달과 열한 별이 내게 절하더이다 하니라"(창 37:6-9).

요셉이 꾼 꿈이 공룡 화석 뼈 조립의 앞면이었다면, 그가 앞으로 살아갈 인생은 뒷면과 같았다. 그는 찰나의 순간에 목격한 온전함을 붙잡고, 상하고 깨어진 삶을 살아야 했다.

요셉은 무채색의 옷을 입고 사람에게 절하는 노예가 되었다. 누명을 써도 자신을 두둔해 줄 아버지는 곁에 없었다. 자기가 어디쯤 있는지, 어디로 가야 할지 감 잡을 수 없는 깨어진 삶을 살았다. 그의 인생은 산산조각 났다. 그러나 그는 인생이 박살나 버린 순간에도 하나님께서 보여 주신 온전한 자신의 모습을 붙들었다. 그의 인생은 여전히 하나님의 손 안에 있었다. 하나님은 그와 함께하시며 깨어진 그의 삶을 하나씩 맞춰 가셨다.

> "…여호와께서 요셉과 함께하심이라 여호와께서 그를 범사에 형통하게 하셨더라"(창 39:23).

"범사에 형통"은 내가 하는 일이 잘 풀린다는 뜻이 아니다. 하나님의 뜻이 나를 통해 막힘없이 이웃과 교회로 흘러가는 것이 성경이 말하는 "범사에 형통"이다. 막히고, 꼬이고, 꺾이고, 패인 것 같은 삶이라 할지라도 거기에 하나님이 뜻하신 바가 있고, 그곳에 내가 있다면 오늘도 나는 범사에 형통하다.

요셉이 대단하고 특별해서 하나님이 해와 달과 열한 별이 그에게 절하는 꿈을 꾸게 한 것이 아니었다. 그가 하나님 보시기에 온전할 만한 자격이 있어서 그를 향해 온전한 소망을 품으신 것이 아니다.

"요셉아 내가 보니 너는 지혜롭고 온유하며 나를 경외하는구나. 내가 너를 열두 지파의 으뜸으로 세우겠다"라고 말씀하지 않으셨다. 오히려 그는 반드시 깨져야 할 사람이었다.

왜곡된 편애의 수혜자였던 요셉은 형들의 사소한 허물을 눈감아 주지 못하고 고자질했던 마음이 병든 사람이었다. 굳이 형들을 깎아 내려 아버지의 사랑을 독차지해야만 직성이 풀리는 결핍이 많은 사람이었다. 자신이 꾼 꿈을 여과없이 말하고 다녔을 때 형들이 받을 상처와 시기심을 예상치 못할 만큼 어리고 미련한 사람이었다. 장차 깨어질 형제간의 질서를 놓고 근심할 아버지의 마음을 헤아리지 못하는 근시안적이고 자기중심적인 사람이었다.

그런 요셉을 하나님께서 택하셨다. 깨셨다. 그리고 새롭게 하셨다. 살리는 사람, 즉 그리스도의 분깃을 얻게 하셨다. 그가 당한 모든 일은 합력하여 선을 이루었다.

다윗은 어떠한가? 그는 예상치 못하게 왕으로 기름 부음을 받았다. 그가 맞이할 다음 순서는 화려하고 성대한 대관식이어야 했다. 그러나 그를 기다리고 있었던 것은 왕좌가 아닌 원수의 목전이었다. 높은 지위가 아닌 음침한 사망의 골짜기였다. 사람들의 찬송이 아닌 불명예스러운 소문과 비난이었다. 훈련된 군대가 아니라 환난으로 닳고 닳은 사람들이었다. 왕으로서 기름 부음을 받자마자 그의 인생이 산산조각나기 시작했다.

'내게 기름을 부었던 이가 정말 사무엘이었을까? 혹시 지나가던 미친 노인은 아니었을까?'

다윗은 이런 의심을 천 번은 품었을 법한 고난을 당하게 된다. 그러나 하나님은 자신의 품에서 다윗을 놓지 않으셨다. 중심을 보시는 하나님의 마음에 합한 자가 되도록 먼저 다윗을 박살내셨다. 천하의 다윗이었다. 기름 부음 받는 순간부터 하나님의 영에 감동된 사람이었다. 원래부터 바탕이 좋고 성실한 사람이었다. 그럼에도 불구하고 하나님은 다윗을 깨셨다. 그리고 하나님의 형상을 따라 새롭게 지으셨다.

하나님이 기름 부으시는 사람은 반드시 깨어짐을 당한다.

깨어짐을 두려워하지 말자. 비참할 수 있다. 수치를 당할 수도 있다. 그 모습이 바보 같아 보일 수도 있다. 그러나 나를 아끼지 않아서 박살내시는 것이 아니다. 지금의 내 모습이 심히 부족해서 깨시는 것도 아니다.

나를 아버지의 형상으로 새롭게 창조하시기 위해서는 먼저 원수가 멋대로 조립해 버린 내 형상이 깨져야 한다. 지나온 삶을 나의 생각으로 해석하며 차곡차곡 쌓아 올린 나의 인격과 신앙, 나의 바벨탑을 하나님이 무너뜨리신다. 예전에는 잘하던 것도 버벅거리게 되고, 경험을 통해 해결해 왔던 일들의 순서가 어그러지고, 의지하던 사람들이 내 곁을 떠나기도 한다.

나를 깨시는 하나님은 내 눈을 들어 주님을 보게 하신다. 내가 경험했던 일들을 다시 조명하게 하셔서 모든 순간마다 하나님의 사랑이 역사했음을 보게 하신다. 깨어짐의 과정을 통해 그대로 두면 쓴뿌리가 될 상처들은 변하여 성령의 열매가 된다. 조급해하지 말고 온전한 그리스도의 형상으로 나를 새롭게 지으시는 하늘 아버지의 따스한 손길을 느껴보자.

나의 흑역사 퍼즐을 모두 맞추고 나면 "하나님은 사랑이시라"는
그림이 나온다. 내 인생을 보면 하나님의 사랑이 보인다.

9.
내 인생을 보면 하나님의
사랑이 보인다

아이가 갖는 연약함 중 하나는 조급함이다. 아이는 오늘만 사는 것 같다. 내일이라는 개념이 없는 것 같다. 기다림을 힘들어 한다. 조급해 한다. 부모가 주기로 결정했으니 조금만 기다리면 된다. 그러나 지금 자기 손에 원하는 것이 없다는 사실에 괴로워하며 부모의 속을 뒤집어 놓는다.

나의 고질적인 연약함 중 하나도 조급한 마음이다. 내가 평안을 잃어버릴 때 '조급한 마음'은 날카로운 이를 드러내며 나를 물어뜯는다. 조급함과 평안 없음은 동전의 양면과 같다. 평안을 잃으면 조급해진다.

문제 앞에서 평안이 필요하던 날, 나는 아이에게 아빠를 위해 기도해 달라고 했다.

"아빠에게 평안을 달라고 기도해 줄래?"

"응?"

세 살 아이에게 바라는 것도 많다 싶어 실소를 머금었다. 그런데 아이는 곧바로 두 손을 모으고 무릎을 꿇더니 기도를 시작했다. 그러곤 엎드렸다. 내가 기도할 때 보여 준 자세였다. 정확히는 기도하며 졸았던 내 모습이었다.

"아버지, 아버지, 아빠에게 평안을 주셔서 감사합니다. 예수님으로 기도 아멘."

순간 내 영이 개운해지는 것을 경험했다. 나는 문제가 해결될 때까지는 평안을 누리지 못하는 연약한 사람이었다. 하지만 하나님은 내가 문제의 시작부터 평안하길 원하셨다.

우리 가정이 선택의 기로에 설 때 이것이 하나님의 인도하심인지 아닌지를 판단하는 근거가 한 가지 있다. 그것은 바로 조급함이다. 스스로 되묻는다.

"나는 지금 평안한가?"

"서두르고 있지는 않은가?"

만약 지금 우리의 선택에 조급함이 깔려 있다면 한걸음 물러서야 한다. 조급함은 하나님의 성품이 아니기 때문이다. 조급함은 평안을 깨뜨린다. 평안 없는 선택은 평안 없는 결과를 낳는다. 조급함은 분별력을 잃게 만든다. 모든 것을 하나님의 응답처럼 느끼도록 우리의 시야를 흐린다. 주님은 질서를 따라 내 삶을 조립하고 계시는데 나는 당장 완성품을 보여 달라며 하나님을 보챈다. 응답을 향해 익어가는 기도의 내용이 열매 맺기도 전에 섣불리 취해 버린다. 익지도 않은 열매를 꾸역꾸역 먹는다. 그러곤 토해낸다. 며칠만 더 기다렸으면 맛있게 익었을 열매들인데, 나는 기다리지 못하고 상을 뒤엎어 버린다. 돌아보면 응답 받기 직전이 가장 갈급했고 곤고했다. 그때가 되면 놓치면 안될 것 같은 기회들이 나타나 마음을 흔들었다. 흔들리지 말자. 99%는 100%가 아니다.

하나님이 내게 보여 주신 모습이 있다면 타협하지 않고 주께서 마침표를 찍으실 때까지 순종하며 기다려야 한다.

연약함은 버릴 수 없는 내 삶의 일부분이다. 나는 나의 약함을 버리고 싶었다. 감추고 싶었다. 약함을 통해 내게 어둠이 들어온다고 생각했다. 그러나 성경에서 넘어진 사람들은 약해서가 아니라 오히려 자신의 강점들을 의지하다가 하나님의 손을 놓치고 넘어졌다.

내 약함들은 조립 전 흩어져 있는 공룡 뼈들처럼 난해하고, 볼품없고, 의미 없어 보인다. 그러나 나를 사랑하시는 하나님의 손 아래 이 뼈, 저 뼈를 맞추다 보면 내 약함은 그리스도의 능력이 머무는 그릇이 된다. 생기를 머금은 군대가 된다.

"나에게 이르시기를 내 은혜가 네게 족하도다 이는 내 능력이 약한 데서 온전하여짐이라 하신지라 그러므로 도리어 크게 기뻐함으로 나의 여러 약한 것들에 대하여 자랑하리니 이는 그리스도의 능력이 내게 머물게 하려 함이라"(고후 12:9).

아이를 통해 공룡 뼈 화석의 비밀을 알고 나서는 나의 여러 약한 것들을 자랑할 수 있게 되었다.

오랜 시간 나와 교제하는 사람들을 만나면 각자가 알고 있는 나의 흑역사 시리즈를 하나씩 풀어 놓느라 시간 가는 줄 모른다. 그만큼 내 삶에는 어두운 순간이 많았다. 온전치 못한 모습 투성이였다. 듣다 보면 좀 과장된 이야기들도 있지만 그것도 내 삶의 한 부분이었기에 받아들인다. 표현과 묘사의 정도 차이는 중요하지 않다. 분명한 건, 그때 한 번 물면 놓지 않는 사람이 나였고, 흉보다 걸린 사람은 나였고, 상처 준 사람도 나였다. 그럼에도 그들이 나를 사랑하는 이유는 나의 흑역사 가운데 비추이신 하나님의 사랑을 목격했기 때문이다.

나의 흑역사 퍼즐을 모두 맞추고 나면 "하나님은 사랑이시라"는 그림이 나온다. 내 인생을 보면 하나님의 사랑이 보인다고 한다.

"너를 사랑하신 하나님인데, 하물며 나는!"이라고 외치며 다들 위로를 받는다.

나는 마침내 "하나님이 세상을 이처럼 사랑하사"(요 3:16) 말씀의 산증인이 되었다.

온전치 않은 나를 하나님이 사랑으로 덮으셨다. 산더미 같

은 약점들이 한데 모여 사랑받았음의 증거가 되었다. 모든 순간마다 형언할 수 없는 하나님의 사랑과 형상이 깨어진 내 삶을 통해 드러나고 있었다.

하나님은 모난 나를 온전한 사랑으로 부르셨다. 십자가에서 나를 새롭게 하셨다. 이전 것을 지나가게 하시고, 새것이 되게 하셨다. 주님은 나를 깨셨다. 조각 내셨다. 그리고 새롭게 빚어 가고 계신다. 지금 당장 내 모습이 마음에 들지 않고, 내가 하는 일들의 결과가 좋지 못하지만, "하나님을 사랑하는 자 곧 그의 뜻대로 부르심을 입은 자들에게는 모든 것이 합력하여 선을"(롬 8:28) 이룬다.

우릴 부르신 하나님은 우리의 모든 약함을 한데 모아 선하게 사용하실 수 있는 전능자이시다. 우리 삶은 부분적이고 이해되지 않은 일들 투성이에 온전함과는 거리가 멀지만, 능하신 하나님의 손 아래서 이리 저리 합을 맞추며 하나의 완성품을 향해 나아가고 있다. 내가 목격한 예수 그리스도를 붙잡고, 오늘도 나와 자녀들이 주님의 형상으로 새롭게 지음받는 여정 가운데 있음을 믿자.

"네가 네 자녀들을 데리고 가기에 그들이 평안히 이 여정을 즐기듯이,
너는 내가 데려간다. 평안해라." 상상을 초월하는 대가를 감수하시고
우리를 구원하신 하나님의 사랑이 더 깊이 다가왔다.

10.

너는 내가 데려간다

　유학 과정의 끝이 보이기 시작했다. 졸업이 코앞으로 다가
왔다. 졸업을 앞두고 나는 다음 과정을 수학할 것인지 한국
으로 귀국할 것인지를 놓고 하나님 앞에서 치열한 시간을 보
냈다. 상황이나 환경을 봤을 땐 큰 문제가 없었지만 결정적인
응답이 없었다. 오히려 하나님은 공부를 멈추고 한국으로 돌
아가라는 응답을 주셨다. 짧막한 음성이었다.

　"가라(Go)."

　응답을 받고 서둘러 귀국 준비를 했다. 가보지 않은 길에
대한 아쉬움이 컸지만, 인도하심을 따라 사는 삶의 끝엔 늘

생명이 있었기에 순종했다. 미국에 올 때가 힘들었지 한국으로 돌아갈 때는 쉬울 거라 생각했다.

귀국을 결심한 뒤 미국에서 출생한 둘째의 여권을 만드는 일을 준비했다. 만반의 준비를 마치고 여권을 신청하러 갔다. 그런데 문제가 발생했다. 내가 서류 하나를 잘못 가져간 것이다. 당황스러웠다. 다시 여권 신청 예약을 하려면 2주가량을 기다려야 했다. 시간은 넉넉했다. 그러나 나는 조급했다. 내 고질적인 약점에 지배당했다. 어떻게든 당장 일을 마무리하고 싶었다.

여권 접수를 진행하던 직원은 나름의 대안을 마련해 주었다.

"일단 오늘 가져온 서류로 접수를 진행하세요. 그러면 여권 행정담당 부처에서 추후에 선생님에게 미비한 서류를 제출하라고 우편을 보낼 거예요. 그럼 그때 회신하면 돼요."

"급행으로 신청하면 4~6주 후에나 받아볼 수 있을 텐데요."

"별거 아녜요."

듣고 보니 정말 별 일 아닌 것 같았다. 그러나 별거 아닌 문제는 순식간에 큰 문제가 되었다.

　3월 중순에 여권을 신청하고, 4월 중순에 여권 담당부서로부터 미비한 서류를 추가 제출하라는 우편을 받았다. 이미 접수일로부터 4주가 지나 있었다. 우편을 받은 즉시 회신했다. 그러나 미국에 물류대란이 일어나서 우리가 회신한 우편이 담당부서에 도착하기까지 오랜 시간이 걸렸다. 겪어 본 사람은 알겠지만 미국의 행정은 한국보다 몇 배는 느리다. 종이 한 장 가는 데 일주일, 담당 부서로 전달되는 데 일주일이 걸렸다. 일이 잘 안 풀린다는 느낌을 받았지만 그래도 시간이 넉넉히 있으니 괜찮았다. 그러나 상황은 점점 악화되었다.
　미국에 백신이 급속도로 보급되면서 해외여행에 대한 수요가 수직상승하기 시작했다. 그 결과 그동안 묵혀 두었던 여권 신청과 갱신이 급증했다. 전화 상담마저 불가능할 만큼 신청과 문의가 폭주했다. 한 시간을 기다려서 상담원과 연결되면, 우리의 서류에는 문제가 없으나 언제 될지 모르겠다는 답변만 반복됐다. 무언가 잘못됐다는 느낌을 강하게 받았다. 아무리 늦어도 5월에는 받아 볼 거라 예상했던 딸아이의 여권은 기약 없이 늦어졌다. 최대 18주를 기다려야 할 만큼 대기 기간이 늘어났다.

졸업식을 마치고 6월이 되도록 여권은 감감 무소식이었다. 졸업하고 일정 기간 안에 출국하지 않으면 불법체류자가 되기 때문에 마음이 급해지기 시작했다. 나는 계속 인터넷을 검색하며 나와 같은 사례가 있는지, 다른 길은 없는지 방법을 찾기에 급급했다.

아내는 이제라도 기도하자고 했지만 나는 짜증이 났다. '이런 상식적인 일에 왜 기도해야 하는가?' 하는 마음이 들었다. 아내는 계속 권면했다.

"여보, 우리가 할 수 있는 게 없으니 기도해요."

기도할 것이 많아서 여권을 놓고 기도하지 않은 것이 아니었다. 귀국을 놓고 기도 자체를 하지 않았다. 어려운 길일 것 같을 땐 기도하고, 쉬운 일이다 싶을 땐 경험을 따라가는 연약함이 내 안에 있었다.

나는 골방으로 향했다. 더는 버틸 수 없었다. 나는 여권을 위해 기도했지만, 하나님은 한국에서 살아갈 자녀들을 위해 기도하게 하셨다. 그러자 길이 서서히 열리기 시작했다.

　한국 여권을 만드는 방법이 남아 있었지만, 이마저도 여의치 않았다. 한국 국적의 출생신고를 비롯한 여권 신청까지 족히 6주 정도의 시간이 필요했다. 우리에겐 시간이 없었다. 그렇다면 직접 영사관에 방문하는 방법이 남아 있었다. 그러나 그마저도 불가능했다. 집에서 차로 네 시간 거리에 있는 가장 가까운 영사관은 이미 7월 말까지 예약이 차 있었다. 고국에서 해외 백신 접종완료자의 격리 면제 정책이 발표되면서 말 그대로 여권 대란이 미국 땅에서 일어나고 있었다. 다른 지역 영사관이라도 예약하고 싶었지만 모두 예약 불가였다.

　머리를 쥐어 싸고 기도하던 6월의 밤 워싱턴 D.C 영사관에 목요일 아침 9시 30분 예약 가능한 자리가 났다. 우리가 살던 곳에서 차로 9시간 거리였다. 아내와 기도하며 예약을 진행하고, 수요일 오전에 출발하는 워싱턴행 비행기표를 예매했다. 그곳에서 한동안 머물면서 딸아이의 한국 여권을 직접 받아 오기로 계획을 세웠다. 다소 무리가 될 수 있는 여정이지만 다른 방법이 없었다. 계산한 일정에서 하루라도 어긋

나면 문제가 커질 수 있는 상황이었다. 우린 절벽 끝에 서있었다. 재정적인 여유도 없었다. 당장에 필요한 여비를 마련하기 위해 차를 팔았다.

"오늘 저녁 티켓이네요?"

수요일 아침 8시 30분 공항에 도착해서, 10시 비행기를 타기 위해 수속 중인 우리에게 승무원이 말했다.

울고 싶었다. 처음 보는 아내의 표정이 내 눈앞에서 펼쳐지고 있었다.

아내는 순수한 표정으로 "네?" 하며 당황스러워했다.

"여보 어떡해요. 제가 밤 비행기로 예약을 했나 봐요."

나는 마음을 가라앉히고 아내를 토닥였다. 아내는 비행기표를 바꾸기 위해 동분서주했고, 나는 공항에서 아이들을 돌보았다. 자포자기하는 마음으로 아이들 옆에 앉아 있는데, 하나님께서 출애굽기 3장을 읽으라는 마음을 주셨다. 곧바로 출애굽기 3장을 읽었다. 그리고 어디로 가야 할지 모르는 광야 같은 공항 한복판에서 울고 또 울었다. 우리의 사명, 한국으로 돌아가야 하는 이유가 그곳에 적혀 있었다.

하나님은 출애굽기 3장 10절을 통해 다시 한 번 내게 말씀하셨다.

"가라(Go)."

처음 한국에 가라는 마음을 주실 때 "가라"고만 말씀하셨지 아무것도 보여 주시지 않았다. 소명감도 느껴지지 않았다. 그저 가라고만 말씀하셨다.

우리가 진정 하나님의 인도하심을 받고 있는 것이 맞는지 의심이 들었다. 귀국해서 갈 곳도, 정해진 것도 없었다. 오라는 곳도 없었다. 그런데 상황마저 자꾸 꼬였다.

"가라고 하셨으면 좀 수월하게 해주셔야죠."

"제가 잘못 이해했나요?"

"이렇게 상황이 꼬이는데 가지 말라는 뜻이었을까요?"

"제가 혹시 고국이 그리워서 하나님의 뜻을 마음대로 해석한 걸까요?"

의심이 범람하는 정점에서 주님은 출애굽기 3장 말씀을 통해 내게 확신을 주셨다. 옆을 보니 아이들은 아무 걱정없이 신나게 놀고 있었다. 아이들은 부모인 우리가 곁에 있기 때문에 평안했다. 문제가 있어도 부모가 해결할 테니 아무 걱정이 없었다. 아니 문제가 있다는 사실조차 모르는 것 같았다.

나의 부모는 하늘 아버지다.

"네가 네 자녀들을 데리고 가기에 그들이 평안히 이 여정을 즐기듯이, 너는 내가 데려간다. 평안해라."

그렇게 말씀하시는 것 같았다.

이윽고 아내가 비행기표를 바꿔왔다. 존경스러웠다. 그녀는 철인이었다.

"여보, 탑승 가능한 비행기가 11시 50분밖에 없는데, 추가 금액이 좀 많이 들었어요. 어쩌죠?"

나는 대답했다.

"상관없어요. 잘했어요! 어서 가요. 얘들아 가자!"

11시 50분 비행기에 탑승하려면 시간이 얼마 없었다. 우리는 달렸다. 둘을 들쳐 업고, 여행용 가방을 끌며 탑승 게이트를 향해 질주했다. 서둘러 비행기에 오른 뒤 숨을 돌리고 나서, 아내에게 출애굽기 3장과 주님께 받은 마음을 나눴다. 아내는 대답했다.

"저는 표를 바꾸기 위해 기다리면서, '내 새끼는 무슨 일이 있어도 내가 데려간다'라는 마음이 들었어요. 어떤 손해를 보고 대가를 치르더라도 우리가 딸을 놓고 갈 수는 없잖아요. 만약 친구였다면, 상황이 이만저만 하니 내가 먼저 귀국하고 너는 모든 것이 해결될 때까지 기다렸다가 귀국하라고 했을 거예요. 당분간 지낼 집과 여비를 구해 주고 친구를 남겨놓은 뒤 우리끼리 떠났을 거예요. 그런데 내 딸은 놓고 갈 수 없잖아요? 비행기표를 구하기 위해 기다리는데, 상상을 초월하는 대가를 감수하시고 우리를 구원하신 하나님의 사랑이 더 깊이 다가왔어요."

다시금 말씀하시는 것 같았다.

"너는 내가 데려간다."

우리 가족을 향한 하늘 아버지의 깊은 인도하심을 느꼈다.

"이 하나님은 영원히 우리 하나님이시니 그가 우리를 죽을 때까지 인도하시리로다"(시 48:14).

천지를 지으신 하나님이 영원히 나의 아버지가 되셨다. 나는 죽을 때까지 그의 인도하심을 받는다. 나는 걱정이 없다.

그가 나와 함께하시기 때문이다. 막막한 상황 속에서도 주님은 내게 말씀하시며 우리 가족을 인도하셨다.

특정한 목적지에 도달하거나 꿈꾸던 목표를 성취하는 것이 인도하심을 받는 삶이 아니다. 내가 처한 상황 속에서 하나님의 사랑을 경험하는 것이 인도하심을 받는 삶이다. 도무지 하나님이 없는 것 같은 상황에서도 하나님이 자신의 얼굴빛을 내게 비춰 주시는 삶, 나를 향한 하나님의 생각이 드러나는 삶이 죽을 때까지 인도하심을 받는 인생이다.

주님의 인도하심을 받는 삶은 똑같은 일상일지라도 매일이 특별하다. 인도하심을 받는 삶은 무언가를 이루기 위해 달려가는 인생이 아니라, 예수님이 십자가에서 이미 완성해 놓으신 것들을 누리며 사는 삶이다.

여권이라는 문제를 통해 우리는 문제보다 크신 하나님의 사랑을 경험하였다. 가족 모두가 죽을 때까지 우리를 인도하시는 하나님 아버지를 만났다. 그는 한순간도 나를 두고 가신 적이 없었다. 십자가보다 무거운 나를 업고 사망의 골짜기를 넘으셨다.

"주 여호와께서 이같이 말씀하셨느니라 나 곧 내가 내 양을 찾고 찾되, 목자가 양 가운데에 있는 날에 양이 흩어졌으면 그 때를 찾는 것같이 내가 내 양을 찾아서 흐리고 캄캄한 날에 그 흩어진 모든 곳에서 그것들을 건져낼지라"(겔 34:11-12).

잃어버린 나를 찾기 위해 빛 되신 주께서 흑암 가운데로 자신을 내던지셨다. 흐리고 캄캄한 날에 방향을 잃고 두려움에 웅크리고 숨어 있는 나를 찾아내셨다. 그리고 손을 뻗어 나를 건져내셨다. 가시 돋친 원망을 들으시면서도 곁에 계셨다. 나를 천국으로 인도하기 위해 독생자를 내어주셨다. 상상할 수 없는 대가를 치루셨다.

하나님이 나를 어디로 인도하시는지 나는 모른다. 그러나 주님이 어디 계신지는 분명하게 알고 있다. 주님은 내 곁에 계신다. 나와 함께하신다. 하늘 아버지는 갈 바를 알지 못해 헤매는 우리, 캄캄한 수렁에 숨어 낙심한 우리, 주저앉은 우리에게 오늘도 말씀하신다.

"너는 내가 데려간다."

부모는 자녀의 마음에 가장 깊이 닿아 있는 존재다. 부모의 눈빛은
아이를 살리기도 하고 죽이기도 한다. 자녀는 부모가 걸어온 길,
살아온 삶, 추구했던 내용의 축소판이다.

II.

부모는 자녀가
처음 경험하는 교회다

아이가 장난감을 물끄러미 바라보더니 말했다.

"아빠, 십자가야."

나는 대답했다.

"어디? 없는데? 십자가가 어디 있어?"

"여기. 여기. 십자가야. 예수님이 십자가에 못박혀 죽었어. 그리고 살아나셨다."

아이는 헬리콥터 장난감에 달려 있는 프로펠러를 보고 십자가를 떠올렸다. 그리고 주님의 죽으심과 부활하심을 이야기했다.

미국에서 팬데믹을 겪으며 아이들의 신앙교육에 대한 염려가 있었다. 설상가상으로 우리가 출석하던 미국 교회에는 5세 이하 아동을 위한 예배가 없었다. 영상 예배를 몇 번 보여 주었지만 아이들이 너무 어려서인지 효과가 없었다.

나는 신앙 교육이라는 버거운 짐을 부모가 아닌 교회에 일임하고 싶었다. 우리가 살아가다 넘어진 모든 순간을 자녀들이 보았기에 자녀들을 믿음으로 교육하는 일에 자신이 없었다. 그럼에도 불구하고 아내는 꿋꿋하게 아이들을 앉혀 놓고 큐티하고 성경을 읽어 주었다. 이제 막 2살, 1살 된 아이들은 아내가 하는 말을 알아듣지 못하는 것 같았다. 아이들은 장난감을 찾아 각기 제 갈 길로 갔다. 나는 아내에게 물었다. "여보, 아이들이 듣지 않는 것 같은데 왜 만날 큐티를 해줘요? 우리가 구매한 큐티책이 아이들 연령대에 맞지도 않아요. 내용이 너무 어려워요. 그리고 왜 우리 교회엔 영아부 예배가 없는 거야!"

나는 애꿎은 큐티책과 교회를 탓했다. 아내는 대답했다.

"저래도 다 들어요. 씨를 뿌려야죠."

아내는 메마른 광야에서 생수를 길어 올리기 위해 날마다 땅을 팠다. 내가 전도 주일 때 자주 설교하는 내용을 아내는 삶으로 실천하고 있었다. 아내의 일차 전도 대상자는 자녀들이었다. 아내는 날마다 새생명 축제를 살았다. 육아란 날마다 새생명 축제다. 자녀들은 우리를 통해 새로운 생명을 얻는다. 부모의 생명이 자녀들에게 흘러가고, 부모의 하나님은 자녀의 하나님이 된다.

하루는 아이들과 함께 큐티를 하는데, 첫째가 자꾸 다음 장을 넘기며 말했다.

"아빠 여기 아냐. 이거 했어."

나는 속으로 '네가 뭘 안다고. 딴짓 하고 있었으면서' 생각했다. 책장을 넘기는 아이를 만류하며 오늘 큐티는 여기라고 못을 박았다. 둘째는 큐티책에 붙이는 활동 스티커를 지금 하겠다며 종이를 움켜쥐고 고집을 부렸다. 전쟁이었다. 피로감이 몰려왔다.

옥신각신하는 우리를 발견한 아내는, "여보 어제 여기 했어요."라고 조용히 말해 주었다. 아이들은 말씀을 듣고 있었다. 기억하고 있었다. 마음에 담고 있었다. 하나님의 말씀에는 생명력이 있기 때문에 반드시 영에 뿌리를 내리고 열매를 맺는다. 때문에 우리는 자녀들이 듣든지, 아니 듣든지 주님의 말씀을 전해야 한다.

부모의 입술을 통해 전해진 하나님의 말씀은 공허하지 않다. 혈육(血肉), 즉 피로 연결된 관계를 통해 전수된 믿음은 결코 헛되이 맴돌다 무기력하게 흩어지지 않는다. 우릴 통해 자녀의 마음속 깊은 곳 지성소에 임재하신 성령께서 자녀의 생각을 사로잡아 그리스도께 복종케 하고, 자녀의 영을 정결케 하여 영원한 생명이 주는 기쁨을 사모하게 만들며, 다음 세대를 밝힐 등불로 우리의 자녀들을 세우신다.

우리는 그들의 믿음을 위한 밑거름이 되기로 했다. 우리를 내려놓았다. 발버둥 쳤다. 삶의 전부를 활용해서 아이들에게 예수 그리스도를 전하려고 노력했다. 그러기 위해서는 신앙을 가르치는 것을 넘어서 살아 계신 하나님을 보여 주어야 했다.

하나님의 자녀로 살아내는 부모를 자녀들이 목격하도록 우리의 하루에 그리스도를 써 내려갔다. 사랑하라고 가르치지 않았다. 우리가 서로 사랑하는 모습을 보여 주었다. 기도하라고 가르치기보다 기도하는 모습을 보여 주었다. 가진 것을 양보하라고 가르치기 이전에 우리의 것을 이웃과 나누는 모습을 보여 주었다. 겸손을 가르치기 위해 부모인 우리는 낮은 곳을 향해 갔다. 우리가 가진 모든 자원과 권위를 사용하여 그리스도께 사랑받는 자들의 삶을 보여 주었다.

하루는 공부하고 있던 학교에서 성화 전시회를 열었다. 여기저기서 기증받은 성화들을 학교 벽면에 걸어놓았다. 학교에 놀러 온 아이는 성화에서 예수님이 보일 때마다, "아빠다." "이거 아빠야"를 반복해서 말했다. 아이는 나를 통해서 매일 예수님을 보고 있었다.

마태복음 7장 20절에서 예수님이 말씀하신다.

"이러므로 그들의 열매로 그들을 알리라"

주님께서 우리가 맺은 열매를 통해 우리의 상태를 꿰뚫어 보시듯이, 자녀들은 부모가 맺은 열매를 통해 부모가 만난 하나님을 이해하고 받아들인다. 자녀는 부모가 맺은 열매를 먹으며 자란다. 우리는 풍성하게 열매 맺는 부모가 되기를 원했다. 믿음의 열매, 사랑의 열매, 섬김의 열매, 겸손의 열매, 인내의 열매, 끝으로 이 세대를 믿음으로 돌파할 야성의 열매를 자녀들에게 먹이고 싶었다. 최선을 다했다. 그럼에도 불구하고 내게는 선한 것이 없었다. 나는 스스로 열매를 맺을 수 없는 무익한 사람이었다.

주님은 말씀하셨다.

"내 안에 거하라 나도 너희 안에 거하리라 가지가 포도나무에 붙어 있지 아니하면 스스로 열매를 맺을 수 없음 같이 너희도 내 안에 있지 아니하면 그러하리라"(요 15:4).

신앙을 가르치고 전하기 전에 먼저 내가 그리스도 안에 거해야 했다. 주님은 내게 질서를 가르쳐 주셨다. 나는 질서의 하나님을 떠올릴 때면 비인격적인 권위자를 생각했다. 그러나 자녀 양육을 통해 내가 만난 질서의 하나님은 너와 나의 높고 낮음을 상기시키고, 잔치의 상석과 말석에 앉을 사람을 결정하는 완력의 행사자가 아니라, 내가 자연스럽게 열매를 맺게끔 순차적으로 나의 삶을 인도하시는 에벤에셀의 하나님이셨다.

예수님이 우리에게 내 안에 '거하라'(μεινατε)고 말씀하신 의미의 단어 메노(μενω)는 주로 '남아있다' '머물다' '거주하다'라는 뜻으로 사용된다. 그 안에는 '끈질기게 계속하다'라는 의지적인 의미도 포함되어 있다. 그리고 때로는 기다림의 의미로도 사용된다. 주님 안에 머문다. 주님 안에서 끈질기게 계속해서 살아간다. 주님을 기다린다.

주님이 내게 가르쳐 주신 열매 맺는 질서였다. 주님이 계신 곳에 우리가 있고, 걸려 넘어져도 계속해서 믿음으로 일어서고, 주님 오심을 간절히 기다리며 매일을 살아낼 때 열매는 저절로 맺힌다.

믿음으로 버티는 삶이 버거워도 어제 주셨던 은혜, 오늘

주신 은혜, 내일 주실 은혜를 바라며 그리스도 안에서 참고, 견디고, 기다리며 살아가다 보면 열매를 맺게 되는 것이다.

주님도 우리 안에서 살며, 견디며, 기다리겠다고 말씀하신다. 나는 여전히 주님 안에 거하기 위한 과정을 겪고 있지만, 주님은 이미 우리 안에 온전히 살고 계신다. 나라는 십자가를 떠나지 않으신다.

희망이 보였다. 우리가 그리스도 안에 심겨지고, 그리스도가 흘려 보내 주시는 생수를 마시고, 그리스도께서 불어넣어 주시는 숨결을 들이마시고, 그리스도께서 우리를 비춰 주시길 소망했다.

자녀들에게 부모는 그들의 인생에서 처음 만난 교회다. 우리는 자녀들이 좋은 사역자를 만나 신앙이 성장하고 변화되기를 꿈꾼다. 그러나 사역자가 자녀들의 신앙에 결정적인 영향력을 끼치기란 매우 어려운 일이다. 내 경우만 봐도 그랬다. 최선을 다해서 사역했다. 밤과 낮이 없었다. 그럼에도 불구하고 학생들은 쉽게 변하지 않았다. 물리적인 시간의 한계가 있었다. 교회가 끼치는 영향보다 부모를 통해 받아온 영향력이 월등했다.

부모는 자녀의 마음에 가장 깊이 닿아 있는 존재다. 부모의 눈빛은 자녀를 살리기도 하고 죽이기도 한다. 부모가 살아온 삶과 사용하는 언어는 자녀의 세계관을 형성하는 데 결정적인 영향을 끼친다. 자녀는 부모의 실상이다. 부모가 걸어온 길, 살아온 삶, 추구했던 내용의 축소판이다.

"어디서 저런 녀석이 나왔을까?" 궁금해하지 않아도 된다. 답은 정해져 있다. 나다. 내가 아니면 누구겠는가? 심지어 내 어릴 적 습관마저 닮아 있는 아이들을 보며 나는 깊이 탄식한다.

"저런 건 안 가르쳐 줬는데…."

가르쳐 준 적 없다. 단지 보여 주었을 뿐이다. 무엇을 보여 줄지는 부모의 선택에 달렸다. 그러면 아이들은 자신들이 걸어갈 길을 선택할 것이다.

한번은 아이들을 데리고 장년 예배에 참석했다. 찬양 시간에 우리 아이들이 흥이 넘쳐 절제하지 못했다. 자꾸 찬양

팀이 있는 곳으로 나가려고 하고, 빠른 찬양이 나오면 성전을 뛰어다녔다. 다른 성도님들께 방해가 될까 봐 나는 아이들을 데리고 나왔다. 그리고 아이들을 교회 놀이터에서 놀게 했다. 예배당 문을 나서며 '목사가 자녀들 예배 훈련을 제대로 시키지 못해 데리고 나간다고 뒷말이 나오면 어쩌지?' 하는 생각이 들자 괜히 어깨가 움츠러들었다. 억지로라도 혼을 내서 예배를 끝까지 드리게 했어야 했나 싶은 마음에 착잡했다.

신나게 놀고 있는 아이들에게 물었다.

"너흰 교회에 오는 게 즐겁니?"

나는 속으로 말했다.

'나는 너희랑 교회 오는 게 힘들구나…'

아이들은 대답이 없었다. 그저 노는 데 열중했다. 둘째가 빨고 있던 쪽쪽이 소리만이 대답없는 허전함을 달래 주었다.

아이들을 데리고 교회에 가는 건 쉽지 않은 일이다. 아침부터 바쁘게 움직여야 예배시간에 늦지 않게 도착할 수 있었다. 비라도 내리는 날이면 교회에 도착하기도 전에 우리는 파김치가 되어 있었다. 예배를 드리면 마음이 평안해서일까? 아이들은 예배 중에 교대로 대변을 봤다. 아이의 기저귀를 갈다가 흘러내린 대변이 옷과 신발에 묻는 경우도 여러 번이었다. 말끔하게 차려 입고 교회에 와도 집에 갈 때가 되면 처참해져 있었다. 기저귀 가방과 아이들 물건들을 양손에 쥐고, 성경 찬송을 가지고 가느냐 마느냐를 놓고 현관에서 고민한 적도 있었다. 자모실에서 예배를 드릴 때면 "땅이 혼돈하고…" 창세기의 말씀이 이해되었다. 설교 말씀을 집중해서 듣지도 못하고 집에 오는 길이면 "공허하며…" 내 영적인 상태는 "흑암"이었다. 하나님은 말씀으로 혼돈을 질서로 바로잡으시고, 공허함을 생명으로 채우시고, 빛으로 흑암을 몰아내셨지만, 내 말은 자녀들에게 씨알도 안 먹혔다.

흙장난하는 첫째를 지켜보며, 둘째를 안고 놀이터를 배회하며 찬양했다.

내가 드릴 수 있는 마음의 예배였다. 놀이터는 더운 날에는 나를 갈급케 했고, 추운 날에는 곤고함을 느끼게 했다. 형형색색의 놀이기구와 장난감이 즐비했던 교회 놀이터는 나의 광야였다.

"너의 삶의 참 주인, 너의 참 부모이신, 하나님 그 손에 너의 삶을 맡긴다…" 흥얼거리며 둘째를 안고 걷던 나를 보며, 흙장난을 하던 첫째가 대뜸 대답했다.

"아빠, 교회 너무 좋아요. 아빠랑 같이 놀 수 있잖아요. 아빠 설교하는 것도 좋아요. 노래 불러 주세요."

현답이었다. 교회는 아이에게 밝고 따뜻한 곳으로 기억되어 가고 있었다. 바쁜 아빠가 자신과 즐겁게 교제하는 곳이 교회였다. 아이에게 교회는 아빠가 있는 곳이었다. 무엇보다 내가 설교하는 모습을 아이가 기뻐한다는 사실에 감사했다.

교회에서 있었던 일을 내게 전해들은 아내는 말했다.

"저도 당신이 설교하는 모습을 보는 게 좋아요. 당신은 설교하는 대로 사니까요. 아이들도 알고 있을 걸요?"

최고의 피드백이었다. 황홀했다.

"여보, 제가 며칠 전에 아이에게 우리 이름을 가르쳤거든요. 그랬더니 아이가 뭐라고 했는지 알아요?"

"뭐라고 했는데요?"

"내가 '아빠의 이름은 위성도야'라고 가르쳐줬어요. 그랬더

니 아이가 '아냐. 아빠는 위성도가 아냐. 아빠는 예배자야'라
고 하는 거 있죠?"

아이는 그렇게 나를 또 울렸다. 놀이터에서 조용히 찬양
하던 나를 보며 아이는 예배를 배워갔다.

아이들이 성장하면서 언젠가는 자기 방문을 닫고 열어 주
지 않을 그날이 도적같이 올 것이다. 굳게 닫힌 아이들의 방
문을 멍하니 바라보는 날이 곧 올 것이다. 쉬지 않고 말을 걸
고, 화장실까지 쫓아와 부모와 함께하길 원했던 그들이 친구
를 더 찾게 될 날이 올 것이다. 지겹도록 "왜?"를 연발하며 세
상 모든 것에 대한 해답을 부모에게 찾던 아이들이 엄마, 아
빠는 아무것도 모른다고 생각하는 날이 반드시 올 것이다.
시간이 얼마 없다. 아이들이 우릴 찾고 원하는 오늘, 부모를
통해 하나님의 형상이 드러나도록 우리를 내어주어야 한다.

가장 효과적이면서도 강력한 신앙 교육의 현장은 가정이
다. 자녀에게 가장 영향력 있는 설교는 부모의 말과 행동, 즉
삶이다. 부모가 그리스도인으로서 살아내는 삶은 살아있는

메시지가 된다. 가장 위대한 찬양 인도자는 부모다. 부모가 매일 흥얼거리는 찬양이 최고의 콘티가 된다. 부모는 자녀가 처음 경험하는 교회다.

최근에 아이들을 데리고 갈 곳이 없어 막막했던 날이 있었다. 아이들을 차에 태우고 한참을 달렸다. 그러다 막다른 길에 다다랐다. 한숨을 푹 쉬며 차를 후진하는데, 아이가 물었다.

"아빠 지금 어디 가는 거야?"

"응. 너희와 같이 시간을 보낼 곳을 찾고 있는데, 아빠가 어디로 가야 할지 모르겠어."

"아빠 하나님한테 말해 봐. 아빠는 길 모르잖아. 하나님은 안 보여. 근데 여기 살아. 다른 곳에서도 살아. 그러니까 물어 봐."

나는 즉시 기도했다. 두 손을 모으고 아이 앞에서 모범적인 기도의 모습을 보여 주었다. 아이는 나를 보며 심드렁하게 말했다.

"아니, 그냥 말 하라고. 말만 해도 돼요. 하나님한테."

나에게는 격식을 갖춰 만나는 하나님이었지만, 아이는 언제나 말을 걸 수 있는 친밀한 아버지, 광야의 인도자, 어디에나 계시는 하나님을 만나고 있었다.

내가 생각했던 하나님 아버지는 완벽할 만큼 공의로운 재판관이었다.
그러나 부모가 되어 자녀를 바라보니, 나를 만나주신 하나님은
지나치게 불공평한 아버지였다. 하나님 아버지는 의로운 사람들이
보기에 지나칠 만큼 죄인을 사랑하신다.

12.
부모가 되어서야
하나님을 만났다

자녀를 대하는 내 모습을 가만히 살펴보면 내가 만난 하나님이 보인다. 아이들이 내 마음에 흡족한 행동을 했을 때나 기준에 못 미치는 행동을 했을 때, 또는 부모와 갈등을 겪을 때 내가 보여 주는 행동과 눈빛을 읽어 보면 그 안에 내가 생각하는 하나님이 담겨 있다.

나는 무의식중에 내가 믿는 하나님 아버지를 최대한 모방해서 아이들을 양육했다. 내가 생각하는 하나님은 판사복을 입고 근엄하게 자리에 앉아 나를 재판하는 심판관이었다. 내가 열심히 사는 이유, 내가 선을 행하는 이유는 마지막 날 내게 내려질 선고가 두려웠기 때문이었다. 내가 잘하면 복을 주시고, 내가 죄를 지으면 얼굴을 돌리신다고 생각했다. 내가 믿는 하나님은 완벽할 만큼 공정했다. 나는 하나님을 믿고 변화된 삶을 살았지만 기쁨을 느끼지 못했다. 나를 움직이게 하는 뿌리는 하나님에 대한 두려움이었다. 그렇게 아빠의 자리에 서게 되자 나는 재판관의 태도로 자녀를 훈육했다.

한 번은 아이가 화를 이기지 못하고 장난감을 던졌다. 나는 아이에게 장난감을 버리겠다고 겁을 주었다. 실제로 장난감을 쓸어 담아 박스에 넣어 문 밖에 버리는 모습까지 보여주었다. 아이는 괴로워하며 잘못을 인정했다. 나는 아이로부터 같은 잘못을 다시는 반복하지 않겠다는 다짐을 받아냈다. 지금 생각해 보니 나도 같은 잘못을 반복하면서, 아이에게는 완벽을 바랐다. 같은 죄를 반복하면 하나님이 내게 주신 것을 거둬 가시며, 더 나아가 버려질 수도 있다는 신앙관은 아이에 대한 양육으로 연결됐다.

내 훈육이 처음에는 효과가 있었다. 아이는 자기 것을 뺏길지도 모른다는 생각에 더는 장난감을 던지지 않았다. 대신

장난감에 대한 집착이 심해졌다. 잠들기 전 장난감을 하나하나 확인하는 습관이 생겼고, 잠을 잘 때 문 밖에서 장난감을 치우는 소리가 나면 버리지 말라며 경기를 일으켰다. 결국 아이가 잠들어야만 청소를 할 수 있게 되었다. 부모가 아이에게 즐거이 누리라고 준 선물들은 언제 뺏길지 모른다는 불안함을 불러일으키는 원인이 되었다.

"내 거야!"

"퍽!"

"으아아앙~~!"

아이들이 싸울 때면 나는 쏜살같이 달려갔다. 그리고 폭풍처럼 훈계를 쏟아냈다.

"오빠는 동생 때리면 안되지!"

"아니, 동생이 나를…."

"어떤 이유로든 사람을 때리면 안되는 거야! 사과해! 어서!"

그러곤 공평하게 딸을 보며 같은 말을 한다.

"오빠를 때리면 안돼!"

"으아아앙! 오빠가~~~"

"조용해. 아빠가 다 봤어. 네가 잘못했겠지. 얼른 오빠랑 화해해. 오빠 손잡고 악수해."

"너희 당장 화해 안하면 장난감 다 치워버릴 거야! 아빠가 서로 싸우라고 장난감 사준 것 같아? 아니야! 이걸 가지고 서로 사이좋게 지내라고 사준 거야!"

내가 학교 다닐 때 가장 싫어하던 방법이었다. 선생님은 서로 다툰 이유도 묻지 않고, 마음도 풀리지 않았는데 당장 화해하고 서로 친하게 지내는 모습을 보이라며 손을 맞잡게 했다. 그때의 나를 돌아보면 내가 옳다는 말을 하고 싶었던 게 아니었다. 왜 내 마음이 상해서 싸웠는지 내 말을 들어주고 내 감정을 설명해 줄 어른이 필요했다. 그러나 나의 감정은 무시되고 어른들이 생각하는 화목한 결론을 강제당했다. 내가 믿는 하나님도 같은 모습을 하고 있었다.

"무조건 네가 먼저 사과하는 거야. 저 친구는 내가 십자가에서 구원한 나의 자녀야. 네 마음이 힘들어도 먼저 가서 사과한 다음 나를 예배해. 그래야 내가 너의 예배를 받을 거야."

하나님을 만나고 나는 사과를 참 잘하는 사람이 되었다. 누구와 다투었던간에 인과관계를 따지지 않고 먼저 사과했다. 타인의 감정을 내가 받는 상처보다 존중했다. 사과하며 집에 돌아오는 길에 나는 생각했다.

'하나님은 저 사람을 나보다 더 사랑하시는구나.'

더 서러웠던 건 나도 모르게 혼잣말처럼 뱉은 한 마디였다.

"그래… 그럴 수 있지."

아이는 억지로 악수를 시키려던 나의 손을 뿌리치고서 말했다.

"아빠, 시간이 필요해요."

한동안 멍하니 아이를 바라보았다.

'나는 왜 하나님과 어른들께 시간을 달라고 말하지 못했을까?'

'당장 사과하지 않고, 차라리 예배를 늦게 드리더라도 시간을 들여 내 맘을 이해하고 진심으로 사과하는 게 맞지 않았을까?'

'상대방이 자기의 잘못을 깨닫지 못하고, 다 내 탓처럼 몰

아붙여도 건강하게 버틸 수 있을 만큼 상대를 용서하고 사랑
할 수 있는 시간이 필요했는데, 나는 왜….'

　자신의 마음을 표현한 아이가 대견하고 고마웠다. 아이에
게 충분한 시간을 주었다. 아이는 내 품을 떠나 혼자서 열심
히 놀기 시작했다. 나는 불안했다. 살짝 의심도 들었다.
　'저 녀석이 지금 생각이란 걸 하고 있을까? 상황을 모면하
려던 건 아니었을까?'
　꾹 참고 기다렸다. 그날만큼은 내가 받고 싶었던 존중을
아이에게 베풀어 주고 싶었다. 혼자서 2시간 정도 놀던 아이
는 나를 찾아왔다. 그리고 자신이 왜 동생을 때렸는지 설명
했다. 나는 들어주었다.
　"그래, 이건 네가 잘못한 거야. 이건 동생이 잘못했네" 따위
의 입장정리를 해주지 않았다. 이미 아이는 자기의 내면을 충
분히 정리한 상태였다. 아이에게는 자신의 감정을 이해할 시
간이 필요했다. 그저 들어주었다. 내가 가장 바랐던 아버지의
모습이었고, 어른의 태도였다. 1분 정도 더듬거리며 이전의 상
황을 설명하고 자기의 마음을 털어놓은 뒤 아이는 말했다.

"아빠 이제 다 풀렸어."

그러고선 동생에게 가서 진심 어린 사과를 했다. 그 뒤로는 아이들이 다투었을 때 내 말을 줄였다. 판사의 자리에서 내려왔다. 일단 서로 분리시켜 더 이상 상처를 주고받지 않도록 보호해 주었다. 서로를 때릴 경우엔 내가 중간에서 대신 맞았다. 그러고는 한 명씩 품에 안아 주었다. 눈물부터 닦아 주었다. 아픈 곳부터 만져 주었다. 이유를 말하면 들어주었다. 잘잘못을 정리해 주지 않았다. 이전엔 자기방어적이 되어 상대의 잘못부터 말하려던 아이들은 달라졌다. 스스로 자기 마음을 이해하고 표현하는 방법을 배워갔다.

나를 때린 첫째가 쉽게 사과하지 못하고 내 주변만 어슬렁거리던 날이 있었다. 나는 아이에게 서로 마음을 풀자고 다가갔지만 아이는 계속 도망쳤다. 창에 비친 내 얼굴을 보니 표정이 문제였다. 무서운 표정을 짓고 아이를 노려보며 다시 친하게 지내자고 손을 내밀고 있었던 것이다. 말은 따뜻한데 표정은 차가웠다. 아이는 말이 아닌 내 감정을 읽고 있었다. 잠시 시간을 가진 뒤 나는 표정을 풀었다. 이미 용서했다는 표정을 지었다. 마침내 아이는 내 품에 안겼다.

육아는 내가 상상하던 하나님의 얼굴을 바꿔 주었다. 내가 넘어지고, 반복되는 약함을 감당 못해 휩쓸릴 때, 내 맘을 나도 몰라 하나님 앞에서 할 말을 고르지 못하고 그분 곁을 배회할 때, 하나님 아버지는 오래 전에 용서하셨다는 표정을 짓고 나를 바라보고 계셨다.

용서를 구하기 전에 이미 용서하신 사랑. 그 표정을 당신의 얼굴에 담아내기까지 얼마나 많은 희생을 감당하셨을까?

내가 생각했던 하나님 아버지는 완벽할 만큼 공의로운 재판관이었다. 그러나 부모가 되어 자녀를 바라보니, 나를 만나 주신 하나님은 지나치게 불공평한 아버지였다. 만약 하나님이 완벽할 만큼 공평한 재판관이었다면, 아무도 구원받지 못했을 것이다.

주님의 공의는 죄인을 향해 기울어져 있다. 심판은 더디게 하시고, 용서는 빨리 하신다. 의로우신 하나님 아버지는 의로운 사람들이 보기에 지나칠 만큼 죄인을 사랑하신다. 건강하고 힘있는 사람들이 주님께 쓰임 받고자 팔 걷어붙이고 있는데, 그들 틈에 끼지 못하고 바깥 외진 곳에 주저앉아 자기 상처를 짊어지고 신음하는 나를 찾아오셨다. 재판관의 자리에서 내려오셔서 죄인의 십자가를 지셨다. 내 수치를 입으셨고, 내 질고를 짊어지셨다. 마땅히 사랑받지 못할 사람들을 사랑으로 부르시려 자신의 영광과 생명을 모두 내려놓고 크신 하나님을 쪼개어 바늘귀보다 좁은 문을 통과해 우릴 품에 안으셨다.

부모는 공평할 수 없다. 부모는 사랑으로 기울어진 존재다.
"그래? 너 계속 말을 안 듣지? 그럼 아빠는 널 두고 갈게. 너 혼자 있어. 따라오지 마!"
나는 울고 있는 아이에게 화를 내며 문을 닫고 나가버렸다.
약속 시간은 다가오는데 아이와 옷 갈아입는 문제로 씨름할 때면 나는 이성의 끈을 놓아버렸다. 아이의 고집이 꺾이지 않을 때면 나는 집에서든, 길에서든, 마트에서든 아이를 놓고 혼자서 멀리 가버렸다. 아이를 이해시키고, 이유를 들어줄 필요가 없다고 생각했다.

마음속으론 '너희가 무슨 이유가 있겠어? 입기 싫은 거고, 갖고 싶은 거고, 놀고 싶으니까 싫다고 하는 거겠지! 아빠인 나는 다 알아. 지금 너희에게 필요한 것을 주는데 받기 싫어? 그럼 어디 한번 고생 좀 해봐!' 생각했다. 물론 내 눈이 닿는 곳까지만 아이로부터 멀어졌다. 그러나 아이에게 두려움을 주기엔 충분한 거리감이었다.

한동안 효과가 있었다. 아이는 울며 나를 쫓아왔고, 나는 크게 힘들이지 않고 아이를 다룰 수 있었다. 하지만 아이의 불안감이 극도로 높아졌다. 심지어 내가 화장실에 들어가서 문만 닫아도 아이는 뒤집어졌다. 문을 두드리며 열어달라고 울며 애원했다. 엄마가 집에 있었음에도 아이는 내가 안 보이면 괴로워했다. 화장실까지 쫓아와 내 옆에 서 있는 아이를 보며 나는 한숨을 내쉬었다.

"아빠는 내가 싫어요?"

아이가 자신의 감정을 어느 정도 표현할 수 있게 되자 나를 향해 내뱉은 말이었다. 나는 한 번도 아이가 싫다고 말하지 않았다. 육아가 버거웠던 때는 있었지만, 단 한순간도 아이가 싫은 적이 없었다. 나는 아이를 목숨보다 사랑했다. 가족은 내 인생의 전부가 되었고, 자녀들은 내게 유일한 친구가 되었다. 아이를 위해 내 삶의 대부분을 내려놓았다. 그러나 아이는 내가 자신을 싫어한다고 느끼고 있었다.

충격이었다. 나는 사랑을 주고 보호를 베풀었다 생각했다. 추운 겨울, 감기에 안 걸리도록 억지로라도 옷을 입히는 것이 아버지의 역할이라 믿었지만, 아이 입장에서는 힘없는 자기를 이리저리 흔들며 난폭하게 옷을 입히고, 자신이 풀 수 없는 단추를 목까지 채워 숨 막히게 하는 사람의 이름이 아빠였다. 자신들을 설득하지 않고, 마음을 이해하려 들지 않고, 힘으로 찍어 누르는 사람이 아빠였다. 아이들은 나를 통해 보호와 교육을 경험한 것이 아니라, 그들이 당한 상황에서 내가 보여 주는 난폭한 분위기와 버려질 수 있다는 느낌을 기억했다. 차라리 '자신이 고집한 옷을 입고 나와 감기에 걸린 아이를 사랑으로 치료해 주는 것이 더 나은 선택이었겠다' 싶은 생각이 들었다.

울며 나를 쫓아온 아이를 보며 나는 근엄한 표정으로 말했다.

"순종해!"

이건 너를 위한 일이니 너는 이유를 몰라도, 마음이 힘들어도, 나중에 다 알게 될 테니 무조건 아빠인 내 말을 믿고, 듣고, 따르라고 말했다. 순종을 기뻐하시는 하나님이라 믿었다. 주변에서 말하는 순종은 이유를 묻지 않고, 이해되지 않아도 따라가는 것이었다. 그러나 그건 순종이 아니라 복종이다. 복종에는 서로간의 인격적인 관계가 요구되지 않는다.

"나는 갑이고 너는 을이니 시키는 대로 해. 토 달지 마. 나중에 다 알게 될 거야. 기왕 할 거면 기쁘게 해."

그러나 순종은 주님과 나 사이의 친밀한 사귐을 통해 경험한 아버지의 인격을 신뢰하며 한 걸음 내딛는 믿음의 도약이다. 두렵지만 걸어간다. 갈등하며 선택한다. 의심하는 마음을 품고 가끔은 멈춰서, '지금 나를 찾아와 주시지 않으면 더는 못가요'라며 떼를 쓰기도 한다. 내게 찾아오셔서 내 편이 되어 주신 아버지를 믿기 때문에 나는 기꺼운 마음으로 좁은 문을 선택한다. 그것이 순종이다.

자녀를 양육하며 드러난 나는 불안감이 높은 사람이었다. 불안감은 내가 하는 일에 속도와 정확성을 더해 주었다. 모든 일을 빠르게 처리했고, 혹시 모를 문제에 대비해 2중, 3중으로 일을 마무리했다. 대신에 심력의 소모가 컸다. 늘 최악의 상황을 염두하고 프로젝트를 진행했다. 천천히 누군가를 기다리고 설명하며 일을 진행할 마음의 여유가 없어 대부분의 일을 혼자서 감당할 때가 많았다.

공동체에서 내가 제시한 방향을 기뻐하지 않으면, 구성원이 부서의 상황을 놓고 객관적으로 분석하고 도출한 결론이라 생각하지 않았다. 그들이 나를 싫어하거나 덜 사랑한다고 생각했다.

내가 하나님의 기대에 부응하지 못하면 버려질지도 모른다는 불안감, 남들보다 뒤처질지도 모른다는 초조함, 내가 잘하지 못하면 타인과 관계를 계속 이어갈 수 없다는 낮은 자존감, 내가 속한 공동체에서 인정받지 못하면 아무짝에도 쓸모없는 인생이라 여겨질까 봐 나는 열심히 공동체를 섬겼고 헌신했다. 그렇게 나는 인정받는 사람이 되었다.

하지만 오늘까지 나를 살아남게 한 불안함이 실은 나를 죽이고 아이를 옥죄었다.

자녀를 양육하는 과정에서 하나님은 적극적으로 자신을 내게 나타내셨다. 다른 사람들로부터 듣고 배워왔던 하나님이 아닌, 살아계신 하나님께서 나를 찾아오셔서 아버지에 대한 나의 지식과 경험을 새롭게 하셨다. 20년을 만나온 하나님과 4년간 육아를 통해 만난 하나님은 같은 듯 사뭇 달랐다. 하나님은 나를 오래도록 기다려 주셨다.

"네가 뭘 알아? 나 하나님이야. 그냥 나를 따라와. 순종해!"라고 말씀하신 적이 없었다. 항상 곁에서 말씀해 주시고, 설명해 주시고, 기다려 주셨다. 나를 향한 주님의 생각에 나의 지식이 닿지 못해 가는 길이 고되다 느낄 때면, 아버지는 더 큰 사랑으로 내 약함을 감당해 주셨다.

자녀를 보며 이전엔 알지 못했던 하나님을 만났다. 주님은 참으로 내가 믿을 만한 아버지였다. 나를 극진히 사랑하시기에 내가 믿고 의지할 수 있는 미쁘신 하나님이었다. 하나님이 그저 전능하시기만 하다면, 내게 무슨 유익이 있겠는가? 돈

이 많고 능력이 있는 옆집 아저씨가 내 삶에 어떤 행복도 줄 수 없는 것처럼, 전능하신 하나님이 나를 사랑하지 않는다면 넘치는 능력을 나를 위해 베풀 이유가 없다.

내가 하나님을 기뻐할 수 있는 이유는 주님께서 나를 죽음처럼 진한 사랑으로 자녀 삼으셨고, 내 존재를 흠모하시기 때문이다. 주님은 나를 사랑하시기에 당신의 모든 전능함을 나를 위해 사용하신다. 그분은 나를 극진히 사랑하신다. '극진하다'는 단어로는 다 담을 수 없어 넘쳐흐르는 사랑의 온기가 자녀를 통해 실제가 되는 하루를 살고 있다.

마가복음 3장 13절을 보면 예수님이 제자들을 부르시는 장면이 나온다.

"또 산에 오르사 자기가 원하는 자들을 부르시니 나아온지라"

예수님은 필요를 따라 제자들을 부르지 않으셨다. 예수님이 제자들을 초청한 이유는 주님의 원하심 때문이었다. 실로 나는 하나님의 일하심에 아무런 도움이 되지 않는다. 주님 혼자서 일하시는 게 더 편하지 않을까 자주 생각한다. 그러나 주님은 나를 원하시기에 나를 찾아오셨고, 친히 불러 주셨다. 나는 전능하신 주님이 원하시는 사람이다. 온 우주가 자신의 것임에도 불구하고, 주님은 나 한 사람을 곁에 두고자 모든 것을 내려놓으셨다.

출애굽기 3장에서, 모세는 자신을 부르시는 하나님께 묻는다.

"모세가 하나님께 아뢰되 내가 누구이기에 바로에게 가며 이스라엘 자손을 애굽에서 인도하여 내리이까"(출 3:11).

하나님은 그의 물음에 이렇게 대답하신다.

"하나님이 이르시되 내가 반드시 너와 함께 있으리라"(출 3:12).

모세는 도망자에 입이 둔한 자였다. 이스라엘 사람들에게 출애굽에 대한 동기를 부여할 만큼의 지도력도 없었고, 바로를 설득할 언변도 초라한 사람이었다. 모세가 생각하기에 자신은 하나님의 큰일을 감당하기에 적합한 사람은 아니었다.

"내가 누구이기에"라는 존재론적 질문 앞에 하나님은 대답하신다.

"너? 너는 내가 정녕 함께하는 사람이다."

하나님은 필요한 사람을 부르신 것이 아니라 주님과 함께할 사람을 부르셨다. 모세는 하나님의 큰 사랑을 누리기에 합당한 사람이었다.

나는 아이를 사용하기 위해 양육하지 않는다. 아이를 원하고 사랑하기 때문에 아이와 함께 살아간다. 고사리 같은 아이의 손이 내게 다가와 힘을 더하겠다며 손을 뻗을 때 나는 안정감을 느낀다.

물건을 조립할 때면 아이들은 서로 나를 도와주겠다며 열정을 불태운다. 설명서에 낙서를 하고, 나사를 가지고 자기들이 돌리겠다며 잃어버리고, 조립하는 내 손을 붙잡고 도와준다며 나사를 반대로 돌린다. 나는 이내 후회한다.

"아이들을 재우고 조립할 것을… 내 죄로다."

하나님은 자주 아이들을 통해 나를 보여 주신다.

하나님 나라를 세우기 위해 대단한 헌신을 하는 것처럼

살아왔지만, 실상은 나를 도와 침대를 조립하겠다며 나사를
꺼내 냉장고 밑으로 굴려버린 아이들과 같았다. 기형적인 모
습이 되어가는 침대, 자신들이 아빠의 일에 도움이 된다는
착각에 흥분한 아이들을 보며 나는 한마디를 건넸다.

"너희가 도와주니 아빠는 행복하다. 너희와 함께 침대를
만드니까 시간 가는 줄 모르겠어!"

가식이 아니었다. 실제로 아이들이 저지른 사고를 해결하
느라 1초가 아쉬웠다.

그럼에도 나를 도와주겠다며 팔을 걷고 나선 아이들의 어
설픔이 나를 미소 짓게 했다. 외롭고 서러웠던 내 인생의 문
지방을 넘어와 쉴 새 없이 지저귀는 작은 생명들은 불안했던
내 삶의 흔적들을 평안으로 매웠다.

끊임없이 사고를 치는 아이들의 흔적을 수습하며 침대를
조립하던 중에 나를 향한 하나님의 깊은 사랑을 느꼈다. 주
님을 위해 사노라며 갈팡질팡 걸어온 나의 흔적이 선해지도
록 하나님은 쉬지 않고 일하셨다. 하나님께 도움은 고사하고
방해만 되는 나를 동역의 기쁨과 영화로움으로 채워 주셨다.

우여곡절 끝에 완성된 침대에 아이들을 앉혀놓고 나는 말했다.

"고마워. 너희가 아빠랑 같이 만든 거야!"

주님께서 나를 높여 주셨다. 주님이 다 하셨다. 나는 내가 하나님께 받은 인정과 사랑을 자녀들에게 베풀어 주었다. 원 없이 칭찬해 주었다. 과자도 덤으로 주었다. 자신이 내게 도움이 되었다는 생각에 아이는 우쭐해했다. 사실 아이에게는 칭찬을 받을 만한 실력이 없었다. 어린아이의 무엇이 내 기준에 도달해서 나로부터 칭찬과 상을 받아갈 수 있었을까? 그저 내가 아이들을 사랑하기 때문이었다. 아이의 손가락, 아이의 눈썹, 머리털, 볼에 핀 솜털, 심지어 심술마저도 만족스러웠다. 자녀는 일을 망쳐도 내게 만족을 줄 수 있는 존재였다. 수습은 아버지인 내가 하면 됐다. 무엇보다 자녀들은 내가 그토록 바랐던 상급이었다. 무엇을 하지 않아도 내 자녀라는 이유만으로 우리의 모든 것을 받아 누리기에 합당한 존재였다. 나를 원하시는 하나님, 나와 함께하시는 하나님을 부모가 되어서야 만났다.

왜 하나님은 우리에게 자신을 아버지로서 계시하셨을까?

'아버지'라는 이름 아래서 우리가 하나님을 가장 수월하게 누리길 원하시기 때문은 아닐까? 만약 내가 왕, 심판관, 용사 앞에 서 있다면, 그들의 도움을 얻기 위해서 나는 필요를 설명해야 하고, 그들의 마음이 내게 기울도록 설득해야 한다. 왜냐하면 그들은 나를 도울 수 있는 능력은 있을지 몰라도 본질적으로는 남이기 때문이다. 그래서 그들의 호의를 발동시키기 위해 내 편에서 다분한 노력을 해야 한다. 그러나 아

버지 앞에 섰을 때 나는 굳이 그럴 필요가 없다.

그저 "아버지"라고 부르면 주님은 다 아신다. 아버지는 내 편이다. "아빠"라고 부르면 그분은 안으시고, 품으시고, 채우신다. 보잘 것 없는 육신의 아비인 내가 나의 자녀들에게 베풀 듯이 하늘의 아버지가 나를 사랑으로 채우신다.

오늘도 나는 아빠가 되어 아들로 사는 법을 배우고 있다.

한계 없이 사랑할 수 있는 특권과 조건 없이 사랑받을 수 있는
은혜가 만나 결혼이 되었다. 그렇게 우리는 연합하여 마지막
때를 사랑으로 살아내고 있다.

13.

서로를 사랑하는 것이
최고의 양육이다

"푸우… 죽겠다."

한동안 아내가 아침마다 내뱉는 숨이었고, 움직일 때마다 읊조리는 단어였다. 아내는 철인이었다. 첫째를 임신했을 때도, 둘째를 임신했을 때도 한 번도 죽겠다는 소리를 하지 않았다. 새벽 2~3시까지 번역 일을 하고, 쪽잠을 자고, 일어나 아이를 돌보는 일을 3년간 했어도 기쁨을 잃지 않았었다. 그런 아내가 무너지고 있었다.

아내에게는 스스로 해결하기 버거운 두 가지 어려움이 있었다.

하나는 '수면'이었고, 하나는 '육아 자존감'이었다.

둘째를 낳고 나서 아내는 두 시간을 연달아 자본 적이 없었다. 둘째에게는 100일의 기적이 없었다. 시도 때도 없이 새벽에 깨서 울어댔다. 수면 교육을 하려면 아이가 울어도 스스로 해결할 수 있도록 한동안 지켜봐야 하는데, 유학 중에 기거하던 아파트는 낡은 관계로 방음에 취약했다. 아래층을 위해서 뛰지 않아야 했고, 위층을 위해서 울지 말아야 했다.

아이가 새벽에 깨서 울면 윗집에서 바닥을 "쿵 쿵 쿵 쿵" 두드렸다. 우리집 천장이 울렸다. 윗집에 미안했다.

당장 울음을 멈추게 할 방법은 젖을 먹이거나, 간식을 먹이는 방법밖에 없었다. 그도 아니라면 방에 불을 켜고 잠시 아이를 놀게 하는 것이었다. 모두 최악의 선택이었다. 그럴수록 아이의 수면 습관은 더 안 좋아졌다. 우리도 알고 있었다. 하지만 선택의 여지가 없었다. 일단 울음을 멈추게 해서 이웃들에게 주는 피해를 줄여야 했다. 아울러 첫째까지 잠에서 깨는 상황은 막아야 했다. 우리가 할 수 있는 거라곤 우는 아이를 달래며 화를 내지 않는 것뿐이었다. 간신히 아이를 달래 재우고 나면, 멀리 달아나 버린 아내의 잠은 쉬이 돌아오지 않았다. 한참을 뒤척이던 아내가 잠이 들 만할 때쯤 둘째는 또 울기 시작했다. 아내의 쪽잠은 불면증이 되어 그녀를 좀먹고 있었다. 일찍 누워도 쉬이 잠들지 못했다. 아내는 세 시간 남짓 자는 내게 도움을 요청할 수 없었다. 그녀는 혼자서 버거운 새벽을 감당했다.

부모는 잘 자야 한다. 아이를 양육하는 동안에는 필수적인 일들을 제외하고는 충분한 수면을 챙기는 데 우선순위를 두어야 한다. 수면 부족 앞에 인격은 바람 앞의 등불 같다. 잠이 모자라면 솟구치는 감정이 아이를 향해 거칠게 쏟아지는 것을 통제할 수 없게 된다. 아이는 마음에 상처를 입어 울고, 부모는 아이에게 상처 준 것이 후회스러워 울게 된다.

첫째를 양육할 때 우리는 전략적으로 수면을 챙겼다. 아내는 아이가 자는 시간에 같이 잠을 잤다. 그리고 새벽 1시까지는 아내가 유축해 놓은 모유를 내가 먹였다. 어차피 나는 공부를 해야 해서 그 시간까지 깨어 있었다. 모유를 먹이면 트림을 시켜야 하고, 트림이 끝날 때 즈음 변을 보면 기저귀를 간다. 자리에 눕히기 직전 아이는 또 변을 본다. 모든 사이클을 돌면 다시 먹을 시간이 된다는 것이 함정이다.

둘째를 낳고 나서는 전략이란 게 아무 의미가 없었다. 동일하지 않은 두 아이의 수면 시간과 습관 앞에서 버티는 것 외엔 별다른 방도가 없었다.

연년생 육아는 고생 끝에 군에서 제대했는데 바로 입대하는 기분이 들게 만들었다. 간신히 자리 잡은 수면 습관은 다 틀어지고, 수유를 졸업하면 다시 수유가 시작되고, 이유식을 졸업하면 다시 이유식이 시작됐다.

남들은 힘 안들이고 잘 키우는 것 같은데, 우리만 골골대는 것 같았다. 남들은 아이들을 믿음의 사람으로 세우는 것 같은데, 우리만 되는 대로 키우는 것 같았다. 유학, 언어의 장벽, 부족한 경제력, 연년생인 둘째의 탄생, 팬데믹, 그리고 고립감이 맞물려 우리를 한없이 부족한 부모처럼 느껴지게 만들었다. 외부의 도움이 필요했다.

"픽!"
복부에 끔찍한 통증이 느껴져 새벽에 눈을 떴다. 아내가 나를 발로 찼다. 정확히 말하자면 혼자서 발을 동동대던 그녀의 발이 내 복부에 타격감 있게 닿았다. 아내가 날 때리지 않았다고 지금도 믿고 있다. 아내는 머리를 감싸고 구운 오징어처럼 발을 동동 구르며 이를 악물고 말했다.

"이렇게 사는 건 사는 게 아니야. 죽을 것 같아."

함께 살며 이보다 더 힘든 상황도 많았지만 아내는 한 번도 이성을 잃지 않았었다. 내가 진상을 부려도 싫은 소리 한번 안하고 내 손을 잡아 준 인격적인 사람이었다. 나랑 결혼해서 지금까지 살아온 것 자체가 아내의 성품을 증거했다. 나를 아는 사람들은 선배, 후배, 친구, 교회를 막론하고 아내를 처음 보면 한결같이 말한다.

"정말 어려운 결정을 하셨네요."

"정말 대단한 분 같으세요."

"친하게 지내고 싶어요."

"사모님 곁에 있으면 뭐든 할 수 있을 것 같아요."

그런 아내가 무너지고 있었다. 나는 곧장 일어나 아내를 끌어안았다. 아내는 내게 안겨 한참을 울었다.

"여보 나 너무 힘들어요. 딱 두 시간만 안 깨고 자보고 싶어요.”

　다음날 아내는 자신이 나를 때렸다는 사실을 기억하지 못
했다. 어른들 말이 맞았다. 때린 사람은 기억 못한다. 그러나
매가 약이었다. 나는 당장 대책을 강구했다. 일단 아내와 둘
째를 분리시켰다. 내가 둘째를 데리고 자기로 했다. 둘째의
침대와 이불을 공부방으로 옮겼다. 나와 자고 싶어 하는 첫
째를 먼저 재우고, 공부방으로 건너와 둘째를 재웠다. 그러곤
식탁에 앉아 과제를 했다.

　그날 밤 아내는 네 시간 정도를 깨지 않고 잤다. 다음날
아침 아내는 더 없이 상쾌한 표정으로 나를 맞이했다. 창문
너머 커튼 사이로 비친 햇살을 머금은 아내의 얼굴에 은은한
빛이 어렸다.

　“여보, 살 것 같아요.”

　아내는 웃으며 나를 반기고, 둘째를 안았다. 그렇게 일주
일 동안 아내와 딸아이를 분리시켰고, 나는 이웃에게 주는
피해를 최대한 줄여 가며 아이의 수면 교육을 진행했다.

　우리를 버티게 한 것은 전략보다 사랑이었다. 서로를 향한

격려를 아끼지 않았다. 서로 끊임없이 대화했다. 아이를 키우며 내려놓은 각자를 서로가 챙겨 주었다. 사투 끝에 아이들을 재우고 거실로 나와 했던 첫 번째 행동은 포옹이었다. 서로를 토닥이며, "고생했다" "사랑한다" "당신은 최고의 엄마다" 등의 말을 아끼지 않았다. 아내는 번역을 마치고 정산을 받는 날이면 꼭 예쁜 옷 한 벌을 사서 내게 선물해 주었다.

골로새서 3장 14절의 말씀을 붙잡고, 자녀들을 위해 했던 모든 일 위에 서로를 향한 사랑을 더했다.

"이 모든 것 위에 사랑을 더하라 이는 온전하게 매는 띠니라"

아이들을 사랑하는 만큼 서로를 사랑하고 돌보기 위해 노력했다. 양육 때문에 서로가 소외되지 않도록 챙겼다. 우리가 서로를 사랑하는 것이 아이들에게 최고의 양육이라 믿었다.

하루의 끝 무렵 나는 아이들을 재우고 나와 예쁜 그릇에 소담스러운 간식을 담아 커피 한잔과 함께 아내에게 가져다 주었다. 그러고선 마주앉아 서로의 눈에 비친 자신의 모습을 응원하며 하루의 고됨을 덜어 내었다.

그리고 아내에게 혼자 있을 시간을 주기 위해 아이들을 데리고 집을 나섰다. 첫째를 유모차에 태우고, 둘째를 아기 띠에 품고 장을 보러 갔다. 물건을 담고 있는데 주님께서 내게 에베소서 5장 25-28절을 묵상케 하셨다.

"남편들아 아내 사랑하기를 그리스도께서 교회를 사랑하시고 그 교회를 위하여 자신을 주심 같이 하라 이는 곧 물로 씻어 말씀으로 깨끗하게 하사 거룩하게 하시고 자기 앞에 영광스러운 교회로 세우사 티나 주름 잡힌 것이나 이런 것들이 없이 거룩하고 흠이 없게 하려 하심이라 이와 같이 남편들도 자기 아내 사랑하기를 자기 자신과 같이 할지니 자기 아내를 사랑하는 자는 자기를 사랑하는 것이라"

주님은 내가 받은 그리스도의 사랑을 아내에게 주라고 말씀하셨다. 내가 그리스도께 받아 누리는 사랑이 있어야 아내를 향기롭게 사랑할 수 있다. 날마다 십자가에서 흘러나오는 무한한 사랑이 내 유한한 사랑을 밀어내고, 나를 가득 채우길 소망한다.

결혼식을 앞두고 나는 아내에게 물었다.

"저랑 결혼하는 게 두렵지 않으세요?"

어딘가 고장 나 있는 사람 같은 나, 가정적으로 어두운 시기를 겪었던 나, 경제적으로 나아질 기미가 보이지 않던 나의 물음 앞에 아내는 말했다.

"저는 당신을 믿지 않아요. 당신이 믿는 하나님을 믿어요."

아내의 믿음대로 되었다. 내가 믿는 하나님은 날마다 아내를 사랑하라고 명령하시며, 넉넉한 사랑을 내게 부어 주신다. 나를 통해 아내는 매일 예수님의 사랑을 경험하고 있다. 남편의 사랑을 통해 아내는 거룩하고 영광스러운 신부가 되고, 티나 주름 잡힌 것 없이 흠 없고 순전한 교회로 세워져 간다.

수많은 남성 중 오직 나만이 내 아내를 한계 없이 사랑할수 있는 특권을 지니고 있으며, 나는 아내로부터 인생의 마지막 날까지 조건 없이 사랑받을 수 있는 은혜를 누리고 있다. 한계 없이 사랑할 수 있는 특권과 조건 없이 사랑받을 수 있는 은혜가 만나 결혼이 되었다. 그렇게 우리는 연합하여 마지막 때를 사랑으로 살아내고 있다.

나의 땅끝은 아내가 되고, 아내의 땅끝은 내가 되며, 우리

의 땅끝은 지금 곁에서 곤히 잠들어 있는 자녀들이다. 오늘
도 나는 내 아내와 자녀들을 위해 그리스도께서 자신을 주심
같이 나를 내어준다.

우리 오늘
사랑하며 살자

"아빠, 사람은 죽어요?"

불을 끄고 잠자리에 누운 아이가 질문했다. '5살 짜리 아이가 왜 벌써 죽음을 생각할까? 어디서 들었을까? 뭐라 대답해 줄까?' 고민하다가 일단 단순하게 답을 주었다.

"응. 죽지."

"왜 죽어요?"

"음… 죄 때문에 죽지."

"죽으면 숨을 못 쉬어요? 엄마 아빠 못 봐요? 죽으면 끝이에요?"

이상하게 가슴이 아프다.

"응 맞아."

"아빠, 나는 죽기 싫어요. 엄마 아빠 못 보는 건 싫어요."

"그런데 우리는 다시 살아날 거야."

"어떻게 살아나요?"

"예수님이 다시 오실 때 우린 모두 살아나. 예수님의 숨을 우리에게 넣어주셔."

"언제 와요?"

어떻게 대답하면 아이가 쉽게 이해할까 고민하다 기도하는 마음으로 입을 열었다.

"이미 오셨어. 그리고 앞으로 오실 거야. 그러니까 우리 오늘 사랑하며 살자. 서로 사랑하다 보면 오셔."

"네, 아빠 사랑해요."

아이는 나를 꼬옥 안아 주더니 등을 돌려 본인에게 편한 자세로 잠이 들었다.

고단했던 하루,

상처 많은 가슴,

잔잔한 밤,

우리는 예수님 이야기를 나누며 눈을 감았다.

퇴근하면 육아에 온 마음을 다한다. 아내와 함께 밥을 먹이고, 아내는 설거지와 청소를 담당한다. 나는 아이들과 놀고, 씻기고, 재우는 것을 담당한다. 그럴 때면 다시 출근하는 기분이 들 때도 있고, 때론 다시 출근하고 싶을 때도 있다. 컴컴한 방에 누워 한 시간 동안 아이들을 재우고 나와 책상에 앉아 못 다한 일을 마무리한다. 아내는 옆에서 꾸벅꾸벅 졸면서 자기 할 일을 마무리한다.

꾸역 아빠 꾸벅 엄마. 우리가 일상으로 드리는 예배다. 이를 악물고 쪼개도 하루에 4시간도 못 보는 아이들과의 시간을 붙잡으려 다른 시간들을 내려놓는다.

사랑하고 사랑해도 모자란 하루가 흘러가고 있다. 아침에 출근하며 아이들과 인사할 때 가장 밝은 모습으로 작별한다. 오늘의 인사가 마지막이 될 수도 있기 때문이다.

속상하고 어려운 일이 있어도 교회에 다녀온 아빠의 모습이 밝게 기억되길 바라는 마음에 웃으며 현관문을 연다.

그러곤 외친다.

"아빠 왔다!"

아이들은 하던 일을 즉시 내려놓고 내게 달려와 안긴다. 그러고선 하룻동안 무슨 일이 있었는지 이야기해 준다. 엄마가 못 먹게 한 과자를 내게 달라며 애교를 부린다. 다쳐서 치료받은 곳을 내밀며 "아빠 다 나았어요?" 물어본다. 온몸에 피가 도는 것 같고, 단내 나던 하루의 고단함은 사라지고 달콤한 생각이 마음에 가득하다.

그날은 온다. 내가 사랑하고 기다리는 나의 아버지께서 하늘 문을 열고 다시 오실 그날은 온다. 주님은 두 팔을 벌리고 기쁨이 가득한 목소리로 나를 부르실 것이다.

"성도야. 아빠 왔다!"

그때, 나는 하늘 아버지께 달려가 그분의 품에 안겨 내가 살아온 날을 사랑스레 읊조릴 수 있는 하나님의 자녀로 오늘을 살고 싶다.

오늘도 나와 아내는 부모가 되어 자녀로 살고 있다.